Ralf Friedrichs

NEULICH IM
GEISSBOCKHEIM

empfohlen von

2. Halbzeit

Edition Steffan

Verlag

Hansaring 145-147
D-50670 Köln
Tel.: 02 21 / 73 916 73
Fax: 02 21 / 72 31 52

e-mail: info@edition-steffan.de
www.edition-steffan.de

präsentiert von

Mr.Music

Impressum
© 2009 by

Edition Steffan

Verlag

Hansaring 145-147
D-50670 Köln
Tel.: 02 21 / 73 916 73
Fax: 02 21 / 72 31 52

e-mail: info@edition-steffan.de
www.edition-steffan.de

Autor
Ralf Friedrichs
Illustrationen
Joachim Rick
www.joachim-rick.de

Grafik
Corporate Design Cologne (Titel)
Michael Croon (Inhalt)
www.buchproduktion.de

Redaktionsassistenz
Susanne Dankwarth

ISBN: 3-923838-62-X
Aktuelle Informationen:
www.neulich-im-geissbockheim.de

INHALTSVERZEICHNIS

Vorwort

Liebe Leserin, lieber Leser!

Es ist 2009 geworden, so lange hat es gedauert, bis ich die Entscheidung treffen konnte, eine Fortsetzung zu „Neulich im Geißbockheim – Das total verrückte FC-Buch „ zu schreiben.

Dieses erste Buch erschien im November 2007, zu einer Zeit, in der der 1.FC Köln noch in den Niederungen der Zweiten Liga zu Hause war. Leider sah es damals auch nicht so aus, als wenn sich dies zum Positiven ändern würde. Deswegen haben einige Geschichten aus diesem Zeitraum, trotz ihrers Humors, auch im hier vorliegenden neuen Buch einen etwas kritischen (aus sportlicher Sicht) Touch. Bittere Niederlagen, wie z.B. die Pleite in Osnabrück (Story: Horst Daum) schienen zu bestätigen, … das wird wieder nichts mit dem Aufstieg!

Auch in der Rückrunde 2007/2008 waren nicht immer Glanzleistungen zu bestaunen. Eine Trappatoni-ähnliche Wutrede von Trainer Daum (Story: Was erlaube Daum?) war eine der Folgen aus diesen sportlich wenig glanzvollen Tagen.

Dennoch, der FC blieb erfreulicherweise immer in Schlagdistanz zu den Aufstiegsplätzen. Nicht immer wegen der eigenen Stärke und tollen Spielen. Es waren einzelne Individualisten wie Novakovic und zu der Zeit noch Helmes, die den Verein und seine Fans weiter hoffen ließen. Auch die Gegner in der Zweiten Liga taten dem 1.FC Köln oftmals den Gefallen genau dann zu verlieren, wenn der FC selbst nicht punkten konnte.

Dies wirkte sich auch auf meine Geschichten aus. Nachdem die Protagonisten doch ganz schön ihr Fett wegbekamen, wurde ich nun etwas „milder" und konzentrierte mich als bekennender Fan des Vereins auch schon mal auf den Gegner. Dies kann man insbesondere in der Geschichte „Wo ist die Gladbacher Fahne?" erkennen, wo der „Lieblingsgegner" augenzwinkernd in die Pfanne gehauen wird.

In der Endphase der Saison habe ich dann fast gar keine Geschichten mehr geschrieben (Ausnahme: „Stürmt die Augs-Burg"). Als Fan sah ich mich kaum noch in der Lage, JETZT meinem Verein mit kritischem Humor zu kommen. Eine ganze Stadt rückte in den letzten Spielen gegen Hoffenheim (3:1-Sieg), in Ausburg (1:3) und beim Aufstiegsendspiel gegen Mainz 05 (2:0) zusammen. „Alles für den Aufstieg" hieß es …

Wie wir alle wissen, schaffte der 1.FC Köln am 11. Mai 2008 den lange nicht mehr für möglich gehaltenen Aufstieg in die erste Bundesliga! Ein wunderschöner Tag für den Fußball in Köln und auch für mich persönlich. Die Feier mit meiner Frau und meinen beiden FC-verrückten Söhnen wird mir noch lange in Erinnerung bleiben!

Kurz danach begannen die Tonaufnahmen für die CD „Neulich im Geißbockheim", die einige Stücke aus dem ersten Buch, aber auch damals unveröffentlichte Geschichten beinhaltete. Dieses Comedy-Hörspiel erschien im Oktober 2008 und geht erfreulicherweise ähnlich oft über die Ladentheke wie das erste Buch, welches jetzt kurz vor der vierten Auflage steht!

Nachdem ich mich nach Beginn der Bundesligasaison 2008/2009 noch lange zurückgehalten hatte, begann ich ab November 2008 wieder neue Geschichten zu schreiben. Nicht nur die Arbeiten an der CD hatten mich vom Schreiben abgehalten. Es war auch eine kleine Unsicherheit, ob das Format „Neulich im Geißbockheim", mit quasi unverändertem Personal, noch zeitgemäß ist.

Die Storys aus der Chefetage des 1.FC Köln entstanden ursprünglich zu schlimmen Zeiten. Ende 2005, nach einer gnadenlos schlechten Hinrunde, waren die ersten Folgen, damals noch für das FC-Forum des Kölner Stadt-Anzeigers, entstanden. Sie waren neben dem kölschem Humor auch beißende Kritik an den Vereinsoberen, in die man soviel Hoffnung gesetzt hatte.

Dementsprechend hinterfragte ich mein Tun. Macht es Sinn, in dieser Form noch weiterzumachen? Ist ein zweites Buch nichts anderes als ein lauwarmer Aufguss des ersten?

Ich begann, fast unbewußt, den Charakter der Geschichten zu verändern. Die Personen in meinen Stücken wurden selbstbewusster. In den neuen Stücken ab der Saison 2008/2009 ist es der Gegner, den unsere Freunde aus der Vorstandsetage mehr oder weniger schlecht aussehen lassen. Vor allem die Bayern werden von den Kölnern ordentlich auf die Schippe genommen. Dies kann man besonders in den „Verhandlungen" rund um den Podolski-Rücktransfer begutachten.

Trotz allem behalten Overath, Engels, Daum, Glowacz und Meier ihre kleinen Eigenheiten. Wenn auch in den neueren Geschichten das Kranz-holen von Engels nicht mehr so oft im Fokus steht, eine Frau Lagerbloom bei Glowacz keine Rolle mehr spielt und auch die Adiletten von Overath nicht mehr ständig erwähnt werden, so bleiben doch die Bauernschläue, absolute Vereinstreue und der Willen zur stetigen Verbesserung wesentliche Merkmale dieser einzigen Satire-Comedy-Serie über einen Bundesligaverein!

Einige Comedy-Auftritte mit den neuen Geschichten bestätigten: Die Menschen mögen es weiterhin, die Reaktionen waren erfreulich und sehr eindeutig. Daher fiel die Entscheidung: „Isch maach wigger …!"
Dabei ist (mal wieder) Folgendes besonders herauszustellen:

Alle Geschichten in diesem zweiten Satire-Buch über den 1.FC Köln sind wie in Teil 1 fiktiv und ausnahmslos frei erfunden und dienen somit nur zur Erheiterung der Leserschaft. Frei erfunden sind insbesondere die geschilderten individuellen Verhaltensweisen sowie der Konsum von Kölsch und sonstiger alkoholhaltiger Getränke im Rahmen der Erzählungen. Den realen Personen wird in keiner Weise ein solches Verhalten unterstellt, zumal es durchaus bekannt ist, dass die realen Vorbilder enthaltsam leben und dies auch propagieren.

Ich stelle weiter fest, dass ausnahmslos alle Storys lediglich der Phantasie eines FC-Fans entsprungen sind, welcher spezielle Vorgänges seines Lieblingsvereins satirisch darzustellen versucht. Dabei werden die Charaktere der realen Personen, wie in einer Satire üblich, ganz betont überspitzt dargestellt.

Also, lieber Leser, bitte nehmen Sie diese Geschichten nicht so ernst und behandeln Sie diese so, wie sie von mir gemeint sind: als eine Satire auf den 1. FC Köln, die Protagonisten und vor allem auf unsere ureigene „Kölsche (Rheinische) Art". Die Personen stehen dabei auch eher als Platzhalter für den „typischen Rheinländer". Es handelt sich also lediglich um meine eigene Version der „Realität", ich habe keinerlei Insiderwissen. Auch den fiktiven „Informanten", der mir als Autor die jeweiligen Protokolle geschickt haben soll, gibt es natürlich nicht.

Ein weiterer wichtiger Hinweis noch für alle Liebhaber und Verteidiger der „kölschen Sprache": Die Personen sprechen auch in diesem Buch eher einen rheinischen Sprach-Mix - Umgangssprache gemixt mit kölschem Einschlag sowie eher schludrigem Hochdeutsch. Ganz bewusst habe ich auf „reines" Kölsch verzichtet, welches wohl auch die Protagonisten selbst gar nicht beherrschen, da sie aus dem Umland von Köln kommen.

Und nun wünsche ich Ihnen viel Spaß bei der Lektüre.

Willkommen im Geißbockheim des 1.FC Köln!

Ralf Friedrichs, im Juli 2009

7

Liebe Leserin, lieber Leser!

Ich bin es wieder, Ihr Informant! Ja, ich weiß, ... Sie wollen wissen, wer ich bin. Tja, ich würde es Ihnen ja gerne sagen, doch dummerweise mag ich meinen Job. Es erfüllt mich mit Freude und Stolz, Dinge zu erfahren, die sonst keiner ahnt. Würde ich meine wahre Identität verraten, wären weitere Berichte aus der Machtzentrale des 1.FC Köln nicht mehr möglich. Somit würden wir niemals erfahren, wer nach Siegen auf den Tischen tanzt und warum bei Niederlagen meine Tondukumente auf leise gestellt werden müssen.

Also, es ist wieder soweit, ich öffne wieder meinen geheimen Aktenordner und stelle meine Protokolle für all diejenigen, die es genau wissen wollen, zur Verfügung.

Neben den „normalen" Meetings der Chefetage des 1.FC Köln, habe ich auch so manchen Fan belauschen können, hauptsächlich von einer Gruppe von Kiebitzen im Rentenalter am Rande der öffentlichen Trainingseinheiten am Geißbockheim.

Die Sensation schlechthin ... eigentlich ist jedes „geheime" Meeting das öffentlich, wird eine Sensation ... trotzdem: Die Riesen-Sensation ist natürlich ein Meeting, welches im Himmel stattfand! Wer also wissen will, was Hennes Weisweiler und einige andere kölsche Größen der Vergangenheit zum Thema 1.FC Köln zu sagen haben, kann auch dies hier erfahren.

Bevor wir nun loslegen, möchte ich noch Folgendes erklären: Die Meetings werden chronologisch aufgelistet. Somit kommen die „ältesten" Dokumente zuerst, dann wird es immer aktueller. Wer es gerne umgekehrt hätte, muss das Buch rückwärts lesen! Kann man nix machen ... ;-)

Damit Sie sich ein wenig leichter tun, die zeitlichen Abläufe einzuordnen, werde ich vor jedem Protokoll noch einmal die damalige Situation erläutern und den Spieltagsbezug hinzufügen. Somit sollten Sie keine Probleme haben, die Dokumente auch richtig einzuschätzen.

Nun stelle ich Ihnen gerne noch einmal die Haupt-Protagonisten vor:

Die Personen:

Wolfgang Overath - (Dä Scheff):

Ist nach wie vor eindeutig der Chef vom Ganzen und lässt dies sein Umfeld durch seine Gutsherrenart auch deutlich spüren. Lässt sich von seinen Mitstreitern bewundern, dafür hält er die schützende Hand über sie. Verlangt aber auch absoluten Gehorsam und Loyalität. Träumt manchmal von in „Adiletten" erspielten Siegen aus der Vergangenheit und teilt dies der Umwelt dann auch in schöner Regelmäßigkeit mit verklärten Augen mit.

Stephan Engels (Dä Steff):

Der ehemalige Spieler und Trainer des 1.FC Köln ist seinem „Scheff" so dankbar wieder einen Job als Chef-Scout (Scheff-Skaut) beim FC ausüben zu dürfen(auch wenn man wenig davon mitbekommt), dass seine Loyalität keine Grenzen kennt. Er hat in den Meetings eine (Kranz-) tragende Rolle und füllt diese gewissenhaft und mit großer Leidenschaft aus. Nebenbei überzeugt er als Erfinder neuer, sinnreicher Texte zu Melodien des kölschen Liedguts. Dass er zum Schluss in die Rolle des Jugendkoordinators schlüpft, macht seine Teilnahme an den Meetings weiter sinnvoll und möglich.

Jürgen Glowacz (Dä Fitze)

Vize-Präsident Glowacz hat in unseren Geschichten eine zentrale Rolle: Er ist zumeist mit der Aufgabe betraut, das Telefon des Präsidenten zu bedienen. Dieser Aufgabe stellt sich der ehemalige Mannschaftskamerad von Overath mit einer Hingabe, die ihresgleichen sucht. Weiterhin überzeugt Glowacz als Meinungsbestätiger und durch seine alleinige Präsenz als … als Vize eben.

Michael Meier (Dä Mischel)

Der Manager hat als Westfale automatisch einen etwas schweren Stand bei den anderen Sitzungs-Teilnehmern. Seine Versuche, die Meetings professioneller zu gestalten, werden vom Rest oftmals bewusst - und unbewusst - torpediert. Obwohl er viele Dinge kritischer sieht als die „Kölsch-Fraktion", unterwirft er sich deren Gesetzmäßigkeiten.

Christoph Daum - CD - (Dä Krisstoff)

Der Trainer tritt zwar nicht in jeder Geschichte auf, ist aber omnipräsent. Schon als er noch gar nicht in Köln war, träumten Overath & Co. von ihm und seiner Rückkehr. Seit sie ihn nun endlich haben, ist der Umgang mit ihm nicht immer einfach. Auch in den Storys hat der Trainer sehr hohe Ansprüche und leidet auch ganz bestimmt nicht unter einem Minderwertigkeitskomplex. Gegen Ende des Buchs verlässt der Übertrainer dann den Verein und somit die „Kranzrunde". Jedoch sorgt gerade sein letzter Anruf noch einmal für Furore.

Reiner Calmund – RC - (Dä Reiner)

Daums guter Freund Calmund, der ehemalige Manager von Bayer Leverkusen, hat auch ein paar Auftritte. Hauptsächlich versucht er telefonisch den Kölnern mit geeigneten Spielern zu „helfen". Seine Kandidaten kommen aus aller Herren Länder und haben manches Mal abenteuerliche Begleitumstände zu bieten.

Neben den bekannten Hauptdarstellern Wolfgang „Scheff" Overath, Michael „Mischel" Meier, Jürgen „Fitze" Glowacz, Stephan „Steff" Engels & Christoph „Messias" Daum, werden **weitere bekannte Gesichter** auftauchen, als da wären:

Franz Beckenbauer, Uli Hoeneß, Jürgen Klinsmann, Thomas Häßler, Dirk Lottner, Angelica Daum, Angela Merkel, Reiner Calmund, Lukas Podolski, Günther Jauch, Pelé Wollitz, Christian Ziege, Rolf Königs, Kardinal Meisner, Pizzabäcker Luigi, Jürgen Klopp, die FC-Kiebitze Scheng, Jupp, Fritz und Kalle, Geißbock Hennes, Hennes Weisweiler, Jean Löring, Kurt Brumme, Franz Kremer, Maurice Banach (die fünf Letztgenannten in einer Classic-Version aus dem Himmel) **und und und ...**

...von jetzt ab alles Fiktion

1

Die Ansprache des Präsidenten

04.10.2007 - Der 9. Spieltag der Saison 2007/2008 steht bevor. Das hier vorliegende Dokument aus der Chefetage des 1.FC Köln erklärt, wie es zum Kapitänswechsel (Scherz für Helmes) kam, wie der Präsident die Mannschaft für das Offenbach-Spiel am 05.10. motivierte und wie man sich auf die baldige Jahreshauptversammlung vorbereitete. Dummerweise hatte sich bei der Einladung ein Tippfehler eingeschlichen, so dass 35.000 Mitglieder das falsche Datum genannt bekamen.

Auch sportlich lief es nicht rund. Unser Präsident hatte nach den Niederlagen zu Hause gegen Freiburg (1:3-Heimniederlage) und in Wehen (4:3-Niederlage) aber beschlossen, die Sache nun selbst in die Hand zu nehmen und wollte sich deshalb persönlich an die Mannschaft wenden. Hier das Protokoll über seine Vorbereitung:

Wolfgang Overath ist alleine in seinem Büro, er steht vor dem Spiegel und spricht:

OVERATH: (entschlossen) Jungens, hück kütt et drop aan! Mer han extra für dat Spill ne neue Satz Adilette besorsch un die zosätzlich mit Bündner Melkfett enjeschmiert ... däm Schiri hätt unsere Fitze en Zehnerkaat für et PASCHA besorsch un in da Jästekabin hätt dä Steff wie jeck Juckpulver ussjestreut ... also Jungens, et jibt keine Ausreden, dat Spill mööte mer janz locker jewinne. Wenn nit, dann hätt dat schwerwiegende Konsequenzen. Dann jitt et en Trääning, wie Ihr et noch nie erlebt habt, nämlich ne kölsche Triathlon ... op dä Dom klimme, mim Fallschirm runger und tirecktemang im Rhein bis noh Wesseling schwemme ...

Die Tür öffnet sich und Meier, Daum, Engels und Glowacz betreten die Szenerie ... Overath schaut immer noch wild entschlossen in den Spiegel und überprüft seinen Blick. Engels und die anderen schauen sich an und zucken mit den Schultern, schließlich nimmt sich Engels ein Herz und spricht:

ENGELS (kleinlaut): Ähhh, Scheff? Mer sin do, Du wollts doch Miiiting mit uns maache.

OVERATH:(erschrocken) Oh, isch han Üch janit jehört. Jut dat Ihr da seid, isch bin jrad noch an minger Red an die Mannschaff am feile. Die will isch hück, vor däm wischtije Offenbach-Spill, vor dä Mannschaff haale.

DAUM: Wolltest du MICH darüber auch noch informieren, Wolfgang?

OVERATH: Dunn isch doch jrad, leeven Krisstoff …

DAUM: Etwas spät, oder?

OVERATH: Knaatsch nit erüm, Krisstoff. Dat hann isch jetz beschlosse, isch will als Präses die Mannschaff ens kitzele …

ENGELS: Ach, deswejen dat Juckpulver … ävver wor dat nit für die Offenbacher jeda …

OVERATH: QUARK!!! Dat mit däm Juckpulver machen mer doch nit wirklich, Doofkopp …

GLOWACZ: Jenau, Scheff, … mit Niespulver klapp dat nämlisch vill besser …

MEIER: Oh Mann, … Jürgen. Wolfgang will doch nur verbal, … also mit Worten „motivieren"! Nicht mehr und nicht weniger.

GLOWACZ: Ach so, … ja dann kann isch mir dat Niespulver ja in de Hoor schmiere …

DAUM: ICH bitte Dich, lass DIE HAARE AUS DEM SPIEL! Übrigens … auch ICH habe bereits etwas für die Motivation der Spieler getan.

ENGELS: Wat dann?

DAUM: ICH habe „Die Reise nach Jerusalem" spielen lassen …

ENGELS: Ach, en Auswärtsspiel in Israel?

MEIER: Nein, ein Spiel, wo die Männer immer – während eine Musik spielt - um einige Stühle laufen müssen. Es ist immer ein Stuhl weniger da als Mitspieler dabei sind. Wenn die Musik endet, müssen sich alle setzen. Derjenige der keinen Stuhl findet, scheidet aus … anschließend wird ein Stuhl raus genommen und es geht wieder von vorne los …

ENGELS: Aaah soooo, … um dä Stohl jonn un anschließend ausscheiden? Dat nennt mer doch „Stuhlgang" … odder?

GLOWACZ: Schwaad nit esu ne Driss … Krisstoff, sach ens, um welche Einsatz jing et dann bei däm Spill?

DAUM: Es ging um die Kapitänsbinde, Helmes möchte sie nicht mehr … deswegen wollte ICH einen Kapitän haben, der sich – auch körperlich - durchsetzen kann.

GLOWACZ: Ne Winner-Tüüp … jeniale Idee!

ENGELS: Winnetou?

OVERATH: Nu sach schon, wer is et jeworden?

DAUM: Scherz!

MEIER: Kein Witz?

DAUM: Nein, der alte Matthias Scherz hat es mal wieder gepackt!

OVERATH: Dat is ja alles schön un jut … zurück zur Ansprach von mir. Wie fandet Ihr die?

DAUM: Na ja, soweit ganz gut …

ENGELS: Jijantisch …

GLOWACZ: Jöttlisch …

MEIER: Folkloristisch …

ENGELS: Floristisch … wat han dann die Bloome damit ze dunn?

MEIER: Ach Steff … (seufzt)

OVERATH: Wo Du jerad Bloome sääs, Steff. Damit die existiere künne, muss man watt mit denne dunn?

ENGELS: Ähhhh …. tja …. Also isch jläuv … die muss mer av un zo jiessen …

GLOWACZ: BINGO!

ENGELS: BIMBO? Isch bin nit Dingen Bimbo … Aaaaach, Scheff, … jiessen … jetz verstonn isch … ich soll sischer ne Kranz Kölsch besorje?!?

MEIER: Also … wie Du da jetzt ganz alleine darauf gekommen bist …!

ENGELS: Isch bin halt ene Fuchs …

OVERATH: Maach dat de fott küss, Du Jenie …

ENGELS: Schbinalltfott …

Engels verlässt wieder einmal singend den Raum …

„Isch bin ene Kölsche Skaut
Dat is keen Fraje
isch bin ene Kölsche Skaut
un dunn Kränz traje
isch bin och sons ne Fuchs, so voll un janz
ming Lieblingsätzche, heiss :"Steff, holl ne Kranz …"“

Engels entfernt sich, … kurzer Moment der Stille … dann ergreift Meier wieder das Wort:

MEIER: Erschütternd …

OVERATH: Tja, so isser halt. Wenn ich ehrlich bin, esu rischtisch Doosch hat isch janit, isch wollt ävver en neu Leedsche vom Steff hüre.

DAUM: Wir sollten das mal aufnehmen und auf CD raus bringen …

GLOWACZ: Jenau, „Ein Pott-Purrie von Steff´s jrößten Misserfolgen" wäre ne jute Titel …

OVERATH: Kumme mer zu enem wischtijen Thema … bald is Jahreshauptversammlung … da müssen mer uns Jedanken drübber maache.

MEIER: Da wäre ja noch zu klären, wer diesen fatalen Fehler zu verantworten hat. Ich meine, dass wir das falsche Datum an 35.000 Mitglieder rausgeschickt haben. Da stand schließlich Donnerstag, der 6. November 2007 und nicht wie es richtig gewesen wäre, Dienstag, der 6. November 2007.

OVERATH: Dat war doch die Druckerei schuld!

MEIER: Die drucken doch auch nur das, was man ihnen als Vorlage gibt. Frage, wer hat das Schreiben zuletzt quer gelesen?

Vielsagendes Schweigen …

MEIER: Hat es überhaupt einer von euch gelesen? Ich fass es nicht.

Die Tür öffnet sich und Engels erscheint …

ENGELS: Wo mer jerad bei Fass sinn … KÖÖÖÖÖÖÖLSCH, frisch vom FASS!!!

ALLE: Aaaaaahhhhhhhh ….

OVERATH: Tja, dann eets ens PROSSt zesamme …

ALLE: PROSSt Scheff …

Schluckgeräusche …

GLOWACZ: Lecker, ene Jeschmack zum Niederknieen …

ENGELS: Ävver sowatt von …

OVERATH: Dat mit däm Datum klären mer später, Mischel. Wie is et mit der Vorbereitung op die Sitzung? Steff, Jürjen … ihr hattet doch die Aufjabe üch Jedanke ze maache. Lasst ens hüre wat dabei erus jekomme iss …

MEIER: JETZT bin ich neugierig …

ENGELS: Ähhh, Scheff. Stimmp … waat, wo han isch dat Blatt, wo isch mir minge Notizze drop jemaat han, aaah, da. Also: Die Lück müsse op dä Jahreshauptversammlung ja jut ungerhaale werden. Ich schlare deshalv vor, dat et lecker Schnittchen met Flönz, Kies, Mett un öhntlich Öllisch sowie dat Doppel-Kotelett „Lommi's Vermächtnis" jeben soll.

GLOWACZ: Jenau … un natürlisch Kölsch satt sowieso. Dazu ein Present-Körbschen vom Sponsor mit

- Einkaufs-Jutscheinen
- Fläschchen Klosterfrau
- Jroße Pack Kümmerlinge
- en Trööt
- und Luftschlange

ENGELS: Eja! Un op jeweils einer Luftschlang pro Korb is dä Finanz-Report in Micro-Schrift opjedruckt. Op dat Kommando „Blos mer jet" pusten all zesamme dä Report schön. Damit hätte mer dann dat fiese Ding schon ens avjehakt.

GLOWACZ: Dä nächste Punkt is dann Kölsch und Kümmerling op ex.

ENGELS: Rischtisch. Danach wird über ne Antrach abjestimmt das die Söhne vom Fitze Jlowatsch die Security op dä Ehren-Tribün üvvernemme solle. Dat se dat dropp han, is ja kürzlich bewiesen worde …

GLOWACZ: Anschließend Kölsch und Kümmerling op ex, … Luftschlange kumme zum Einsatz.

ENGELS: Jürjen … mer fällt noch jet enn. Mer müsse däm Pächter mitteile, dat dä Calmund eets dann widder bedient weet, wenn er singe Frikadellen-Deckel wie üblich per Koffer mit verdeckter Überjabe bezahlt hät.

GLOWACZ: Stimmp, dürfe mer nit verjesse. Ach ja, anschliessend natürlich widder Kölsch und Kümmerling op ex, un die Trööt is enjeplaant …

ENGELS: Wenn dann ener ene Antrach op Verlesung des Jahresberichts määt, muss dä avjelehnt werde, weil die Koteletts fädisch sin un allt lecker rüsche …

GLOWACZ: Anschließend Kölsch und Kümmerling op ex, Luftschlange, Kotelett.

ENGELS: Danach noch schnell dä Vorstand entlaste, weil im Nebensaal werde die Schnittchen und en Julasch-Zupp serviert und die weed ja söns kalt.

GLOWACZ: Anschließend Kölsch und restliche Kümmerlinge op ex, Trööt, Luftschlange, Klatschmarsch, Julasch-Zupp, Hymne absinge.

ENGELS: Ende der Veranstaltung. Nee, wat wor dat widder schööön.

S C H W E I G E N …

ENGELS: Unn? Wie fandet ihr dat?

MEIER: Nun ja, NONSENS!

OVERATH: Ich sinn da och ene KONSENS. Als Arbeitsjrundlare ja nit schlääch … üvver dä ein oder andre Punk kann mer ja noch reden. Esooo, jetz würd isch saren, mer maache en Päuschen … lass mer all an de Thek jonn un noch ens über ming Red´schwaade. Soll isch vielleich noch saren, dat se hück mit Offenbach dä „Adilettenwalzer" daanze solle odder käm dat doof rübber …?

Die Herren verließen das Büro und die Aufnahme brach ab. Die Rede muss gewirkt haben, denn der FC schickte die Offenbacher Kickers mit 4:1 wieder nach Hause. Die Sorge, einen Kölschen Triathlon ableisten zu müssen, hat wohl zu überirdischen Leistungen animiert.

2.

Kiebitze im Grüngürtel

Wie bereits erwähnt, interessierte mich als Informant auch „der Fan". Deswegen habe ich mein Richtmikro auch einmal in eine Horde Kiebitze reingehalten. Diese zumeist etwas älteren FC-Fans haben oftmals eine eigene Logik und eine spezielle Sichtweise.

Eine Gruppe ist mir besonders aufgefallen. Ich möchte die Herren mal etwas näher beschreiben.

Da ist zum einen Karl Heinz, genannt Kalle. Er ist 59 Jahre jung - ehemals „Meester" beim FORD, im Vorruhestand, kommt immer mit der Vespa aus Brühl-Vochem, hat meist vier Dosen Dom Kölsch dabei, ist FC-Fanatiker, leicht cholerisch, ävver im Prinzip ne joode Jung. Regt sich öfter über Fritz auf (Friedrisch mein Freund, so jeht dat nit …).

Dieser Friedrich heißt eigentlich Fritz, ist 62 Jahre alt - geborener Ostpreuße, nun wohnhaft in Sülz. Pensionierter Beamter, trinkt nur Tee aus der mitgebrachten Thermoskanne. Bildet sich in VHS-Kursen weiter, daher modernen Ideen z.B. modernem Management gegenüber aufgeschlossen. Hat in der Gruppe einen schweren Stand, spricht fast nur Hochdeutsch und steht dem „Kölschen Wesen" manchmal kritisch gegenüber.

Das kann man von Josef genannt Jupp, (67) – geboren in Nippes, der Irmgard zu Liebe aber nach Frechen ausgewanderte, nicht behaupten. Er besitzt ganz in der Nähe einen Kleingarten und bringt daher mit seinem Fahrrad und Anhänger immer Klappstuhl und Klapptisch mit. Ist meist muffelig und seine Stimmungsschwankungen sind manchmal gewöhnungsbedürftig.

Dazu kommt noch Jean, genannt Schäng, (66) – stammt aus Ehrenfeld, reist oft mit der Linie 13 an und geht den Rest zu Fuss zum Geißbockheim. Hat immer seinen Hund „Wolli" dabei, eine Promenadenmischung (Spitzname „Zijeuner"). Dieser nervt alle wegen seiner Blaseninkontinenz und dem hellen, heiseren Dauergebell. Schäng schwatzt meistens Kalle mindestens eine seiner DOM-Kölsch-Dosen ab. Schängs Sohn Engelbert hat übrigens mit Stephan Engels in der Jugendauswahl gespielt, daher gesellt sich Engels auch schon mal zu den Herren. Engelbert ist heute übrigens bei der Post, wiegt 122 kg und bringt Schäng ab und zu mit „der Auto" zum Geißbockheim.

Unsere rüstigen „Alleswisser" haben sich also kurz vor dem Auswärtsspiel beim VFL Osnabrück wieder am „Hennes-Grün" platziert und diskutieren freudig erregt ob der bald beginnenden, neuen Saison über Patrick Helmes und Konsorten. Wir steigen in das laufende Gespräch ein ... :

Kalle: ... dä Helmes muss verkoof weede. Im letzte Spill hätt dä Schongse versemmelt, die Dinger hätt dä Jung maache müsse. Leeven Jott, ene Dieter Müller hätt die mit verbungene Aure gemaat unn nevvenbei dä Blondin op dä Tribüühn zojezwinkert ...

Fritz: Wie Müller mit verbunden Augen der Dame noch zuzwinkern konnte, bleibt mir verschlossen.

Kalle: Do sühst de ens, wie joot dä wor. Friedrisch, mein Freund. Du weeß jenau, wie datt jemeent wor, sei ens e bissje kulanter ...

Schäng: Ich weeß ett jo och nitt, ävver isch wor zefridde mit dämm Pättrikk. Weeß De noch bei singem Debüü in dä Nationalmannschaff jäje Dänemark? Vill besser hätt er in dä paar Minutte doch janitt spille künne! Außerdämm isset schön, widder ne Kölsche für Deutschland spille ze sinn.

Jupp: Isch bin jo kulant, ävver dä Kalle hätt Rääch. Der iss im Jedanke allt in Levverkuuse ...

Fritz: Womit wir mal wieder beim Thema wären, das hätte man verhindern müssen.

Kalle: Watt soll mer da maache, frach isch Disch? Wenn die vom Bayer mit dä Jeldscheine winke dunn, kannste die Söldner von hück doch nitt mie haale ... da künne mier uss dä zweite Lija kaum noch jett maache ...

Fritz: Moment! Es war damals noch genügend Geld vom Podolski-Deal übrig, davon hat man aber lieber Leute wie Tiago und André geholt, Helmes hat man aber links liegen gelassen, ihm kein akzeptables Vertragsangebot gemacht. Das war wieder einmal amateurhaft von unserer Vereinsführung. Die Herren haben es ja auch nicht für nötig befunden, mit Helmes zu sprechen.

Kalle: Friedrisch, mein Freund. Jlöövs Du, ene Franz Kremer hätt mit irjendwelche Spieler lang jeschwaad, die kunnte froh sinn, wenn er die opp die Weihnachtfeier üvverhaup erkannt hätt ...

Jupp: Isch bin jo kulant, ävver janz unrääsch hätt dä Fritz do nitt. Datt wor wirklich kein Meisterleistung von denne da bovve ...

Schäng: Isch weeß ett jo och nitt, ävver isch denk, da wöör jett drin jewääss, vor allem die Sach mi dä Traktion iss donevve jejange …

Fritz: Du meinst sicher die „Option" …

Schäng: Hannisch doch jesaat, jedenfalls wor datt Driss!

Kalle: Isch hann jetz Doosch, datt Trääääning fänk och jlisch aan, lammer ene süffele, dann künne mer besser analüsiere. Schäng, hück kriss De keen Büchs von mir, datt DOM-Kölsch iss allt widder düürer gewoode, isch kann ett mer von minger schmaal Rente nitt mehr leiste Disch durchzefödere …

Fritz: Wie, füttern? Es geht doch ums Trinken!

Schäng: Oh, isch beführcht, die Büchs iss fott. WOOOOOOLLLIII, Du verdötschte Hungk, häste mit dä Büchs Kölsch jespillt … wo iss die hin? Wo iss datt Dier üvverhaup …?

Jupp: Keen Ahnung … Aaaahhhh, do hinge isser, an dämm dicke Ware do mit dämm Sieschburjer Kennzeischen. Oh, dä piss dämm op de Vordereifen …

Schäng: … Um Joddes Wille, datt iss dä Waren vom Ovverath, WOOOO-OLLLII, hür opp, sons maache mer Schaschlick uss Dir (rennt zu Wolli) …

Fritz: (grinst) Overaths Wagen? Das ist lustig …

Kalle: Wolli bepiss Wolli! Dä Hungk iss wirklich sowatt von beklopp, datt jitt et ja nit …

Schäng kommt mit Hund Wolli zurück und spricht auf ihn ein …

Schäng: Nee, nee, Du jecken Strosseköter. Disch kann mer keene Momang alleen losse … Kalle, dä Wolli hätt nitt nur dat Auto vom Ovverath anjepiss, dä hätt och ming Büchs Kölsch verstoche … die iss jetz fott. Ehrenwort, isch hatt en Büchs Jaffel Kölsch dabei, die fingk isch wäje dämm blöde Hungk he nitt mieh …

Kalle: Iss allt joot, he hääsde eene. De allerletzte … also Fente, bereit??? Auf mein ZEICHEN maat ihr all die Büchs opp. Konzentriert üsch …

Stille …

Kalle: (laut) ... Z E I C H E N!!!

Zisch. Zisch, Zisch ... Plöpp (Anmerkung: Das „Plöpp" war das Öffnen der Thermoskanne)

ALLE: ... PROSS ZESAMME .....

(Schluckgeräusche)

Kalle: Ahhhh, datt määt locker! Herrlisch ... datt einzije watt stört, iss däm Fritz sing Jeplöppe von dä Kann. Ejal ... wann fange die eijentlisch hück an mim Träääning? Sitze die do unge unn singe widder „Drissisch Mann unn bloss en Ziel"?

Fritz: Kalle, Du bist aber nicht „up to date".

Kalle: Watt? ... Apptuudäät?

Fritz: Nicht auf dem neuesten Stand, ... die singen nicht mehr alte Freddy-Lieder, sondern rufen „Looking for Excellence" - frei übersetzt also das Streben nach dem Bestmöglichen. Genau dieses Streben will der Trainer von seinen Spielern in jeder Trainingseinheit sehen.

Jupp: Leev Mamm, ming Droppe ... watt ene Stuss!

Schäng: So ene Driss, da kriesch isch Jänsehaut. Die solle dä Jeschner Angs maache, nit uns Fäns ...

Kalle: Alles schön un unn juut, ävver wo blieve die dann?

Fritz: ... werden sicher gleich kommen, lieber Kalle. Aber um noch einmal auf das Thema Helmes zurück zu kommen. Warum hat man damals gegen die Abwerbeversuche seitens Bayer nichts unternommen? Schlafen die alle im Geißbockheim? Ich fasse das immer noch nicht!!

Kalle: Ja, Fritz! Datt versteh´isch jetz ehrlich jesacht och nitt janz. Isch muss dir leider Rääch jevve, esujett darf nitt passiere.

Jupp: Isch bin jo kulant, ävver datt hätt dä Fritz rischtisch erkannt. Sujett hätt nit passiere dürfe ...

Kalle: Watt soll dat jetz noch, dat iss verjossene Milsch, dä soll mer nit nohweine … die solle dä jetz verkoofe, maache die bestimmp zur Winterpaus, die ham bestimmp noch ene Jeheimplan diesbezüchlisch.

Fritz: … der ist aber scheinbar so geheim, das sie ihn selbst nicht kennen.

Jupp: Sons wör ett ja keine Jeheimplan …

Kalle: Die verkoofe dä bestimmp noch, wat nütz uns dä Söldner, dä will sich doch nur für die Pilleköpp bei uns schone. Datt Jeld für dä künne mer joot jebruche …

Schäng: Sinn isch anders, dä schüss uns in de Bundeslija. Isch hoff nur, dat dä Mondrajonn nit Stammtorwart bliev, dä hätt sich en paar öntlische Klöps erlaubt. Unn dä Broich, den dunn se am beste per Poss widder noh Jlattbach schecke. Dä weed nie eine …

Kalle: Dä Icke, unsere Technikträäner soll en paar Stange nemme un am Decksteiner Weiher mit dem Broich trainiere jonn, wenn der verschüss, kann er ihn dann in et Wasser springe losse un sisch mit de Ente um dä Ball kloppe …

Jupp: Ach hürt doch op immer op einzelne Spieler enzeprüjele. Dä Trääner iss och en Problem. Wenn et noh däm jing, hätte mer allt dä Dom noh Wolfsbursch verkauf un von däm Jeld dä halve AC Mailand verpflichtet … dä hätt vielleisch Vorstellunge …

Schäng: Dä Daum iss jo och schwer sauer op uns Skauting-Abteilung. Er wööd am leevste zom Engels jonn un sare: „Steff, ding Chaos-Trupp dank aff, bring ding Läptops und die Schlössel von dr Autos zu dem Seitz in de Kanzlei - evver dalli. Skauting mäht ab jetz dä Kohler's Jürjen."

Jupp: Da wööd er ävver ne jrosse Knall jevve. Dä Engels wööd tirechtemang ömkippe, da mööt dä Klosterfraumann Neukirch zo ihm hüppe un däm Steff en Fläschen Klosterfrau unger die Nas haale … damit dä widder zo sisch kütt.

Kalle: Hahaha … jenau! Unn unsere Präses wööt wahrscheinlisch sare: „Steff, em Kreesch jiet et Verluste und Dich triff et halt! Isch han gehört in Mondörp sööken se neue Trainer - Du kannst en paar Spieler metnemme, die häs du jo och geskautet …"

Fritz: Also ihr habt ja eine blühende Phantasie, wirklich.

Kalle: So sinn mer Kölsche halt, Du jecken Doll uss Ostpreussen. Ävver mit ner kölschen Herkunft kann ja nit jeder geseschnet sein, ne Friedrisch?

Jupp: Solle mer noch ene Skat kloppe, bevor dat Trääning loss jeht?

Schäng: Och nee, datt kann jetz nit mie lang duure. Isch bene ens jespannt wie die Spieler dropp sinn. Ich denk, jäje Osnabrück wäde mer sinn, ob die jet taure.

Kalle: Affwaade, Jungs, … affwaade. Ahhhh, da kütt die Söldnertrupp, luur se dir aan,… hann sich och all en halv Pung Pomaad in de Hoor jedonn. En Stund vorm Speijel jestande unn sisch schöön jemaat …
(an die Spieler gerichtet)

MORJEN, JUNGS, JUUT SEHT IHR AUS, DA KANN JA JÄJE OSNAB-RÜCK NIX MIE AANBRENNE …

Hier endet der Mitschnitt. Schön, diese Live-Eindrücke der Fans mit zu erleben!

3.

Wer ist Horst Daum?

Das Training der FC-Schönheiten war nicht besonders ergiebig, der FC verlor das Spiel an der Bremer Brücke. Nur kurz nach dieser niederschmetternden Niederlage gegen Osnabrück (2:1), trösten sich unsere Protagonisten mit ein paar Frust-Bieren im VIP-Bereich des Osnabrücker Stadions. Dabei kommt (scheinbar) eine furchtbare Wahrheit zu Tage, oder hat Daum nur phantasiert?

ENGELS: Oh Mann, dat deit wieh … en Niederlare in dä Provintz …

GLOWACZ: Isch bin fix un fääädisch … wie kammer in Osnabrück verliere?

MEIER: Tja, so ist Fußball!

OVERATH: Blöder Spruch, koss Disch en Rungk … Weeet???

Grinsend erscheint der Wirt der Osnabrücker Stadionkneipe und fragt:

WIRT: (griemelt) Was darf´s denn sein, die Herren?

ENGELS: Hür op ze laache, kutt Ihr noh Müngerdsdörp. Da zeije mer Üch, wie mer rischtisch spille künne.

OVERATH: Dunn se uns vier Kölsch!!

WIRT: Kölsch haben wir nicht.

GLOWACZ: Driss, wat solle mer dann söns süffele?

ENGELS: Ne Schabau? Oder en Weizen?

GLOWACZ: Mit Weizen soll mer nit geizen …

WIRT: Weizen hätte ich da!

OVERATH: Na juut, dann nemme mer dat. Hück es et mir ejaal, wie mir dä Fruss wegkrieje … Hauptsache …

ENGELS: … et knallt …

MEIER: Ähem, man könnte doch auch mal einfach OHNE Alkohol versuchen, die Lage zu besprechen!

ENGELS: Dun mer doch, Weizen is ja im Prinzip ne jelbe Cola.

MEIER: Wie man´s nimmt …

ENGELS: In enem jrossen halv Liter Jlas, weißte dat nit?

MEIER: Es war nicht die Frage, wie man ein Weizenbier zu sich nimmt, sondern eher …

OVERATH: Ach, seid doch still. Wat soll dä janze Verzäll? Mer han verloore, bedrissen jespillt un uns blamiert. Jerad die eetste Halvzeit wor en Blamaasch …

ENGELS: Warum moot dä Mondrajonn ausjereschnet bei dä Faustabwahr e Nürche haale?

GLOWACZ: Jenau, un dä Nickenisch eets, ja un dä Underbersch …

MEIER: Schöneberg!

ENGELS: Dann evvens Schönebersch …

MEIER: Aber so unterirdisch wie der heute gespielt hat, kommt der Under-Berg fast wieder hin …

Erneut erscheint der Wirt

WIRT: Sooo, hier ihre vier Weizenbier … und vier Underberg.

OVERATH: Danke, Weet. Unn lass dat fette Jrinsen, isch bin Weltmeister. Esu jet musste in Osnabrück lang sööke. Also na juut, wat sollet? PROSSt zesamme!

ALLE: PROSSt Scheff!!!

Schluckgeräusche …

ENGELS: Ahhhh, et is zwar kein Kölsch, ävver et deit trotzdem joot …

MEIER: Und?? Kriegen wir die Niederlage schön getrunken?

GLOWACZ: Dat kütt janz dadropp aan, wie vill Weizen dä Kollesch do hätt.

ENGELS: Unn jetz dä Schönebersch …

MEIER: Underberg!

ENGELS: Trotzdem schön!

OVERATH: PROSSt zesamme …

ALLE: PROSSt Scheff!!!

MEIER: Hust, Hust … Bääh, ist nichts für mich.

OVERATH: Mir iss eher dat Spill op dä Maren jeschlaren … dat war och nix für misch. Un nächste Woch han mer Jahreshauptversammlung. Dat Spill hück koss misch 500 Liter Freibier mieh um die Lück widder ze besänftije. Driss!

In diesem Moment betritt, völlig niedergeschlagen, Trainer Daum die Szenerie.

ENGELS: Ah, Krisstoff. Jot, dat de küss. Mer arbeiten jerad dat Spill op.

DAUM: Das sehe ICH. Mit den üblichen Hilfsmitteln …

GLOWACZ: Beschwer Disch nit, Krisstoff. Du kriss ja och jet. Weeeeet? Dunn se ens dem Krisstoff och en Weizen un ene Schöne … ne schöne Underbersch.

WIRT: Geht klar!

GLOWACZ: Nääää. Keene Klare, ene Underbersch!

DAUM: Oh, oh, UNDERBERG??? Lieber nicht, wenn ICH den trinke, dann kann ICH aaaabsolut für nichts garantieren, da habe ICH mal eine sehr schlechte Erfahrung mit gemacht. Überhaupt, bin ICH doch gar nicht so für Alkohol.

ENGELS: Dat kannste Dingem Frisöör verzälle, Krisstoff!

DAUM: MANN, lass die HAARE aus dem Spiel, Stephan!!

OVERATH: Krisstoff! Wieso häste esu spät jewechselt? Wollteste et noch spannend maache? Mann, die Osnabröcker moote ja janix dunn, die Tore hann mer uns ja quasi selvs enjeschepp. Un üvverhaup … wat wor dat für en Aufstellung? Wiesu hätt dä Wutschietschewitsch nit von Anfaang aan jespillt?

WIRT: Hier die nächste Runde sechs Weizen und sechs Underberg …

ENGELS: Häh, wieso esu vill?

WIRT: Der Herr Daum hat doch eine Runde verpasst … und er … hehe … sieht so aus, als wenn er ein Trösterchen braucht.

GLOWACZ: Eher en Prösterschen … PROSSt zesamme …

ALLE: PROSSt Jürjen …

Alle trinken, direkt danach geht es an den Underberg … dieser wird ebenfalls ziemlich zügig vernichtet. Daum setzt dabei die Vorgabe des Wirts um und verdrückt recht schnell sein zweites Weizen und den zweiten Underberg. Die Diskussion geht

ENGELS: Also Nickenisch un Schönebersch, datt wor janix von denne hück …

GLOWACZ: Ävver die Zwei allein wore et nit schuld …

OVERATH: Isch muss doch jetz doch noch ens dä Trääner frore. Krisstoff? Wat iss eijentlich loss? Wo iss dä jewiefte Taktiker und Supper-Motivator, dä Super-Daum den mer von fröher kenne? Manches mol han isch dä Endruck, du bess nit mieh dä selve wie fröher …

GLOWACZ: Ach Scheff, dä Krisstoff, dä määt dat schon. Er bruch noch e bissje Zick …

DAUM: An der … hicks … türkischen Riviera!

Wirt: Sooo, noch mal fünf Weizen und fünf Underberg!

OVERATH: Danke, dann eets ens PROSSt zesamme …

ALLE: PROSSt Scheff!!!

Die Weizen werden wie üblich inhaliert, ebenso wird dem Underberg der Garaus gemacht. Dann kommt es zur Sensation.

OVERATH: Krisstoff, wat wor evvens mit dä türkischen Riviera? En Trääningslarer dohin kütt janitt in de Tüüt. Da hammer kein Jeld für!

DAUM: Deine Frage, lieber Wolfgang, war, wo Christoph Daum ist, … und da habe ICH wahrhei … hicks … tsgemäß geantwortet. An der türkischen Riviera!

Stille!!!

… Eine sehr LAUTE Stille …

ENGELS: Ähhhh, datt kapier isch jetz ävver nit …

MEIER: Normalerweise hat das nichts zu sagen, lieber Steff. Aber mir geht es ähnlich. Christoph! Ich kann Dir nicht folgen. Was willst du uns damit sagen?

OVERATH: Ich bin jetzt auf dat Schlimmste vorbereitet. Sach wat loss iss, Krisstoff!

DAUM: ICH bin … hicks … nicht Christoph Daum, ich … hicks … bin Horst Daum, der Zwillingsbruder vom Christoph! SO, jetzt ist es raus … ENDLICH … hicks …

STILLE … Dann platzt es aus Engels heraus:

ENGELS: Hahahahaha … ene jode Witz, Krisstoff. Super, Spitzenklasse … ne, mer künnt kriesche vür laaache … Ävver dä Krisstoff Daum hätt doch ja keine Zwillingsbrooder!?

DAUM: Für die … hicks … Öffentlichkeit nicht. Das haben wir immer geheim gehalten. Aber … nun ja, Christoph hat nach der … hicks … Krankenhaus-Pressekonferenz am 11.11.2006 schnell das Weite gesucht und sich an der türkischen Riviera niedergelassen. Er hat mich dann gebeten, den

… hicks … Job beim FC zu übernehmen … na ja. So ist es, er wollte nicht mehr zum FC. Kann ICH jetzt noch einen Underberg haben?

Overath platzt!

OVERATH: KRISSTOFF … datt …

Engels *(unterbricht)*: HOCHST! Er heess HOCHST!!!

OVERATH: HERR DAUM!!! Isch jlööv Dir die Räuber-Pistool nit. Du bis doch unsere Welt-Trääner!!!

DAUM: Nun ja, ICH habe … hicks … mal die Bambinis von Hamborn 07 trainiert, und wir sind in unserer Klasse Vize-Meister geworden … oh Mann, mir wird auf einmal ganz komisch …

ENGELS: Dat mit dä Fitze Titteln liescht scheinbar in dä Fammillisch …

MEIER: Das ist doch alles nicht wahr. Christoph hat doch gesagt, dass er den Underberg nicht verträgt. Schaut ihn Euch an, der ist doch nicht ganz bei sich. Die Niederlage, der Druck, der Stress, das DSF was ihn immer ärgert … und dann noch dieser blöde Underberg …

ENGELS: Enää, dä Schönebersch wor et doch schold …

Overath schlägt die Hände vor den Kopf zusammen, während Christoph-Horst Daum – ihm war übel geworden - den Raum verlassen muss. Er lamentiert …

OVERATH: Leeven Jott, warum deiste mir datt aaan? Liescht ene Fluch op unserem EffCee? Wat hann isch jedonn, dat Du uns dermassen hatt bestrafe deis?

MEIER: Leute, ihr werdet das doch nicht glauben. Das ist natürlich alles nur ein furchtbarer Irrtum. Es handelt sich eindeutig um Christoph Daum. Einen Horst Daum gibt es nicht!

GLOWACZ: Isch weiß et nit, Mischel. Esu mansche Auswechslung und su mansche Tacktick kam mir schon jet komisch vür …

ENGELS: Et würd esu mansches erklären …

OVERATH: Ja unn? Selvs wenn et esu wär. Dann künne mer uns ophange, dann sinn mer datt Jespött in janz Deutschland …

MEIER: Och, da ändert sich ja kaum was, … aber jetzt sollten wir das Thema beschließen …

ENGELS: Bejießen? Rischtisch. Weeeet?? Noch ens dat Selve …

OVERATH: Dä Mischel hätt Rääch. Dä Krisstoff hätt bloss dä Underbersch nit verdraare … isch kenn dat, isch hat misch noh enem Nordhäuser Doppelkorn och allt ens für Jünter Netzer jehaale … watt ene Horror-Tripp …

ENGELS: Stimmp, die komische Hoor von dämm will keiner jeschenk han …

Die Tür öffnet sich und … Herr Daum schreit:

DAUM: LASST DIE … HIIIICKS …. HAARE AUS DEM SPIEL …. (schlägt die Tür wieder zu und rennt wieder zur Toilette).

MEIER: Seht Ihr? Das war der Beweis! Nur der echte Daum kann sich über diese Haarspaltereien …

DAUM (… durch mehrere Türen, dumpf aber erkennbar): …hicks … die HAARE aus dem … HICKS… Spiel lassen …

MEIER: … aufregen …

OVERATH: Also jut. Foljendes wird jetzt beschlossen: Dieses Miiiting hat et nie jejeben … Weet? Sie han nix jehört. Hier han se ene janze Packen Autojrammkäätsche von mir … und en Dauerkaat für dä FC. Voraussetzung, se haale de Muul. Dä Krisstoof kritt NIE widder ene Underbersch … Daum bliev Daum, nur wo Krisstoff Daum dropp steht, iss och Krisstoff Daum drin. Op dä Jahreshauptversammlung weed dat nit thematisiert.

MEIER: Richtig! Weil es sich natürlich um Christoph Daum handelt, einem der besten Trainer aller Zeiten!

ENGELS: Bei dä Bambinis …

OVERATH: Bis still, dat Thema is erledischt. Oder willste misch reizen?

ENGELS: Enää, leever vier Weizen …

WIRT: Kommen gleich … auch Underberg?

OVERATH: Datt widderlieje Zeuch können se behaale … nitt dat isch misch noher noch für dä Beckenbauer haale …

GLOWACZ: Ja iss dann hück allt Weihnachte?

ENGELS: Vürher kütt noch die Weihnachtsfeier … hehehe … Sekretärinnen dieser Welt, paasst op, dä Franz is widder op dä Pirsch.

WIRT: Soooo, hier sind fünf Weizen …

MEIER: Wieso fünf? Der …. Herr Daum hat sich ja … ähhh … bereits zurückgezogen?

WIRT: Das Fünfte ist für mich (reisst sich einen angeklebten Schnurrbart ab). Ich bin´s. Pelé Wollitz, Euer alter Mittelfeldstratege und heute Trainer von Osnabrück. Heute haben wir Euch geputzt, … nix für ungut. Ihr schafft das schon noch. Und den Gag, den ich mit Christoph ausgeheckt habe, nehmt ihr uns hoffentlich nicht übel. OK? PROSST zesamme!!!

ALLE:(erleichtert) PROSST. Pelé … Du DRECKSACK … (Gelächter)!!!

WOLLITZ: Hoooorst, kannst wiederkommen …

Tja, an dieser Stelle endet die Aufnahme. Schön, dass sich ja alles wieder aufgeklärt hat. Trotzdem, der FC nimmt eine ärgerliche Niederlage mit nach Köln. Aber immerhin auch den einzig wahren Daum …

Oder???

4.

Die Kiebitze sind wieder da

Vor dem Hoffenheim-Spiel am 25.11.2007 war ich mal wieder mit dem Mikro in Richtung unserer Kiebitz-Rentner-Gang unterwegs (Die Beschreibung der Herren entnehmen Sie Kapitel 2). Das öffentliche Training des 1.FC Köln nach dem Aue-Spiel (äußerst glücklicher 3:2-Heimsieg am 09.11.2007) hat am Vormittag pünktlich begonnen. Drei unserer Helden stehen bereits diskutierend zusammen. Wir steigen in das laufende Gespräch ein:

Kalle: … unn isch hann Dir jlisch jesaat, Friedrisch, mein Freund, der Mondrajonn kann nix, der weed in däm Levve keine rischtije Torwacht mieh. Luur ens wie dä russlööf, watt red isch, dä lööf doch janitt eruss. Dä Kessler, datt iss der kommende Mann, … außerdämm kann dä winnichstens Kölsch schwaade.

Fritz: Ich gebe ja zu, dass Mondragon Probleme beim Herauslaufen hat, aber …

Kalle: Nix aber, dä kannix … un datt muss ene Trääner sinn!

(Helles, heiseres Gebell im Hintergrund)

Schäng: Wolli, haal die Schnüss, Du Zijeuner. Du määss misch beklopp mit Dinger Bellerei. Kanns froh sinn, datt die Mama esu an dir häng. Wenn et nach mir jink … ach lassen mer datt. Sachens Lück, wo bliev eijentisch dä schöne Jupp, isch mööt misch ens setze.

(Fahrradklingel Geräusch von weitem)

Fritz: Ah, da kommt er ja. Oh, der sieht aber böse aus, wir sollten ihn vorsichtig „anfassen"?

Kalle: Jupp, Du aahlen Büggel, wo blievs Du dann mit Dingem Sitz-Arranjemang? Hätt dat Irmjacht widder Stress jemaat?

Jupp: Morjen. Hüür mer bloss opp mit däm Frauminsch. Kaum kütt de Sonn eruss, hätt die misch in dä Jaade jeschick, Rase winterfest maache unn

33

esu wigger. Die määt misch beklopp. Sooo, he sinn die Klappstöhlscher unn dä Klappdesch. Opbaue tut Ihr dann …

Emsiges Arbeiten, Aufbau des „Hennes-Beobachtungspostens"

Schäng: Ach, schön, esu kann mer ett usshaale. So, dann wolle mer ens luure, watt die Jungen hück maache …

Kalle: Isch sinn nur Versarer, die ze blöd sinn ene Ball ze tredde. Datt sinn doch alles Söldner, fröher hatten mer noch ene Simmet un ene Konopka, datt woren Kämpfer, die hann sich de Fott opjerisse för dä Verein … unn ene Littbachskii iss noch mim Mopped nom Jeissbockheim jekumme, nit mim Ferrari, han isch selvs jesinn. Mann, datt woore Zigge …

Fritz: Wir leben aber in 2007, lieber Kalle … und immerhin wurde gerade gegen Aue gewonnen, sooo schlecht war das ja diesmal gar nicht.

Jupp: Jäje DIE Kirmestrupp uss Aue hätt sojar uns Kleinjärtner Hobby Manschaff jewonne, noch em Jrille und sechs Pittermännsche im Balsch … (laut) NÄÄÄ, nu süch ens aan, watt dä Matthes Scherz da määt? Dä Ball liescht jetz op der Berrenroder Stross.

Kalle: (schreit ins „Grün") SUPPER MATTHES, ESU KENNE MER DISCH!!!

Fritz: Glaubst Du, dass ihn das aufbaut?

Kalle: Friedrisch mein Freund, datt künne unn müsse die Milljonääre in koot Botze usshaale künne!

Fritz: Das Problem liegt ja doch wohl viel tiefer, die Mannschaft hat sich ja nicht selbst zusammengestellt, oder?

Jupp: Datt iss schon rischtisch, ävver da iss dä Träääner jefraacht.

Fritz: Jupp, das ist auch nicht verkehrt. Ich sehe aber auch Fehler im Vorstand, da sind zum Teil wirklich hanebüchene Dinge abgelaufen.

Kalle: Hahneköppe???

Fritz: Hanebüchen, das bedeutet …

Schäng: (unterbricht) Kalle, kann isch von Dir en Büchs Kölsch hann? Isch hann de ming ze Huss verjesse …

Kalle: Die Büchs muss ävver baal abjelaufen oder völlisch verrostet sinn, so off häss die allt verjesse. He häss De eene. Nächste Woch krisste ävver nix mie von mir.

Fritz: … um noch einmal auf Overath und Co. zurückzukommen, diese Truppe hat schon viele Fehler gemacht, das geht nicht mehr auf die berühmt-berüchtigte Kuhaut. Im Einzelnen waren das Dinge wie …

Heiseres lautes Gebell

Jupp: WOLLLLLI, bess still, söns maache mer Suurbroode uss Dir odder du küss op minge neue Kontakk-Jrill!!

Schäng: Jute Idee, datt jivv dann enne „Hot Dog". Nur ming Frau steisch Dir dann op ett Daach. Oh, (schreit) PAASS OP!!!

Ein Ball, vom Spieler Broich abgefeuert, verfehlt Jupp nur um Haaresbreite!

Jupp: Ming Hätz, dä Kääl määt misch nitt nur beim Zoluure im Schtadijonn fäädisch, jetz will er mir och persönlich an et Fell?

Kalle: Da mööte mer op dä Schock ene Drop drinke, odder?

Fritz: Ich nicht, jedenfalls kein Bier. Ich habe meine Thermoskanne dabei.

Kalle: Du mit Dingem Tee, dunn ens Schabau erinn. Dann kannste de Dress vom FC besser ertraare. Also, Jungens, an die Jewehre. Op VIER maache mir jleichzeitisch die Büchs op. Bereit!

Schäng: Isch bin BEREIT jeboore woode …

Stille …

Kalle: (laut) VIIIIEEEER …

Zisch, Zisch, Zisch … Plöpp (Anmerkung: Das „Plöpp" war das Öffnen der Thermoskanne)

Kalle: War supper, Jungens. Mensch, wööre doch die Jungs op´m Platz so schön enjespillt als wie mir datt sinn. PROSS ZESAMME

ALLE: PROSS KALLE

Schäng: Ahhhh, lecker, datt deit esuu joot!

Jupp: Dat hammer uns verdeent ...

Fritz: Ich würde gerne mit Euch noch einmal über die Fehler im Vorstand reden. Oder meint ihr, da läuft alles richtig?

Kalle: Dä Ovverath iss jenau dä Rischtije. Av un zoo ne kleene Fähler mäht doch jeder ens. Ävver ohne dä Ovverath würde mer hück nitt in ADIDAS spille.

Fritz: Ich kann jetzt nicht unbedingt behaupten, das wir in ADIDAS-Sachen besser spielen …

Schäng: Datt stimmp, datt hätt ävver nix mim Vorstand ze dunn. Die spille jo janit mit!

Jupp: Datt sinn isch jenau esuu, Dä Ovverath is keene Franz Kremer, ävver och keene Artzinger-Scholten …

Kalle: Bolten! Nitt verwechsele mit Else Scholten, die hätt beim Millowitsch op der Bühn jestande ...

Jupp: Watt sääste? Na juut, dann Bolten. Thiater hätt dä Winkeladvokaaat och jemaat, datt wor ävver ne janz schlimme Finger.

Schäng: Dick Advocaat, dä wor doch bei dä Ponnys in Jlattbach ...?

Fritz: Lassen wir das, mir stellt sich eher die Frage: Was hätte Overath besser machen müssen?

Kalle: Friedrisch, mein Freund, pass jetz op watt de sääs. Dä Ovverath iss en Denkmol in Kölle, datt mööt sisch och bis Ostpreussen rumjesproche hann.

Schäng: Isch weiss et jo och nitt, ävver dä Ovverath kann doch janix dafür, dä hätt eenfach Pesch jehatt in singer Amtszick.

Jupp: Isch bin ja kulant, ävver nur Pesch iss datt och nitt jewääss! Züüpern wor nitt Pesch, datt wor dämlisch.

Fritz: Richtig! Und das war ja nun weiß Gott nicht alles.

Schäng: Ahhh, da kütt der Engels, den kenn isch ja von fröher … der hätt mit mingem Engelbäät in der Jurendauswahl …

ALLE (im Chor): WISSEN MIR!

Schäng: Steeeeeffff … komm doch ens bei misch bei!

Tatsächlich kommt Stefan Engels, Chefscout des ruhmreichen 1.FC Köln zum Vater seines ehemaligen Mitspielers bei der Jugendauswahl, um diesen freundlich zu begrüssen.

ENGELS: Ah, juten Tach zesamme. Wie isset? Joot? Schön, datt mer 3:2 jäje Jena jewonne han, nitt wahr? Wat määt denn mingen aale Fründt, dä Hubääät?

ALLE: (im Chor) ENGELBÄÄÄT!!!

ENGELS: Ach ja, Engelbäät, rischtisch … dä Mann, der op ner Breefmark drei Lück uusdanze konnt.

Kalle: Hück verkööf dä Engelbäät Breefmarke bei der Poss, für drei Jejenspieler um sisch erümm ze platzire bruch der hück dä Jürzenisch … vom Danze iss ja kein Red mieh!

Schäng: Üvverdriev et nitt, er hätt vier Pung affjenomme.

Jupp: Wie datt, wor he beim Frisööör unn hätt sich zosätzlich de Fooßnäjel geschnidde?

Kalle: Isch hann en juut Idee wie dä drissisch Kilo op eene Schlaach fott krisch: er mööt sisch bloss een Bein amputiere loosse!

Schmutziges Herrengelächter …

Schäng: Hör nitt op die Bekloppte, Steff. Wie iss ett dann bei üch da bovvem? Watt säät dä „jroße Vürsitzende"?

ENGELS: Iss jett stinkisch, weil die Mannschaff jäje Jena fast noch dat Spill verlore hät. Och dä Vitze, dä Jürjen säät ...

In diesem Moment bricht „WOLLI", die Promenadenmischung von Schäng, in ein fürchterliches, heiseres und helles Gejaule ein, gleichzeitig umkurvt er die fünf Aktivisten, bleibt bei Engels stehen und ... uriniert ihm genüsslich ans Bein!

ENGELS: (laut und hektisch) Platz! Platz! Platz ... bliev mer fott, datt jitt ett doch janitt ...

Schäng: WOLLLLLI, Du Zijeuner! Hür opp, Du verdötschten Hungk (zieht „WOLLI" weg) ... soooo, watt soll datt, Du ...

ENGELS: Lass et joot sinn, Schäng ... halv esu wild, datt meiste jingk donevve!

Jupp: Leeven Steff, Du biss doch jetz hoffentlich nitt anjepiss? Dä Hungk iss esuu beklopp ...

In diesem Moment hört man dumpf aus Engels Jackentasche ein Geräusch. Eindeutig der Klingelton eines Handys ... „E Kölsch ... e lecker Kölsch ... datt iss datt Schönste watt ett jitt op der Welt"

ENGELS: Schteffan Engels? Scheffskaut des Ersten Eff ... Scheff, ... Du biss ett! Wie ett lööf? Och bisher janz flüssisch ... dank „Wolli", dä määt mit mir de Molli ... Interessiert Disch nitt? jaja, schkummajleisch, ... ach, tirecktemang ne Kranz mitbrenge??? Mach isch ... Tschööö-ööö ...

Engels packt das Mobiltelefon wieder ein.

ENGELS: So Männers, isch muss fott, die sinn widder am fisioniere, do bruche die misch. Maat ett joot ... unn ene schöne Jrooß an dä ... dää ...

ALLE: (im Chor) ENGELBÄÄÄT ...

Steff: Jenau dä, Tschöö – ööö! (und Engels verlässt die Gruppe)

Jupp: Watt säät uns datt jetz?

Schäng: Datt die da bovvem en Alkoholproblem hann, ... nix ze drinke mer do, deswjäje dä Kranz!

Fritz: Klarer Fall. Der Overath ist sauer, weil ...

Kalle: … esu Plackfissel wie Du nit einsehen wolle, dat hä ene Super-Präses iss. Nit wahr, Jungens?

In diesem Moment beginnt „WOLLI" wieder sein fürchterlich helles, heiseres Gejaule …

ALLE: (im Chor) SCHNAUZE WOLLI, … Du Zijeuner!

Dann widmen sich die Herren wieder dem Training und freuen sich, das Mohamad soeben Chihi nicht ganz jugendfrei abgrätscht, Novakovic den Ball in den Winkel versenkt und Mondragon eine gelungene Faustabwehr zeigt …

Der FC gewann das Spiel in Hoffenheim mit 2:0 … ob es auch mit diesem Training zu tun hatte?

5.

Ne jecke Weihnachtsfeier

Auf der Weihnachtsfeier des FC am 09.12.2007 wurde fröhlich gefeiert. Am Tage danach resümieren sechs Beteiligte, darunter auch Jugend-Trainer Dirk Lottner, die Eindrücke dieses fröhlichen Abends. Auch das Spiel in Mainz (1:0-Niederlage) am 07.12. und Trainer Klopp´s Verhalten war Thema. Besonders die Flasche Wein als Präsent für Torjäger Novakovic stand im Mittelpunkt des Gesprächs. Hatte der lange Slowene doch gerade erst wegen Alkohol (Glühwein) am Steuer seinen Führerschein verloren. Brisant!

OVERATH: Miiiitiiiing …

GLOWACZ: Poooh, muss dat immer esu laut sin?

ENGELS: Stell disch nit esu aan …

MEIER: Nein, Steff, bitte nicht schon wieder singen.

ENGELS: Mischel, isch wollt doch janit „Drink doch ene mit" singe …

GLOWACZ: Dun mer ene Jefalle un lass die Singerei hück janz sein, mir is et eh esu schlääch.

ENGELS: Unn worüm?

GLOWACZ: Weil dä Scheff doch jesaat hätt, isch mööt alles, wat während dä Weihnachtsfeier an Alkohol in die Nöh vom Novvakowitsch kütt, vernichte …

MEIER: Da warst Du ja beschäftigt … aber im Ernst. Vernichten heißt doch nicht automatisch trinken.

ENGELS: (wirft die Stirn in Falten) Nitt???

GLOWACZ: Dat hättste mir doch sare künne, Mischel. Du häss doch nevve mir jesessen.

MEIER: Ach, weiß Du Jürgen, … Du warst so übermotiviert. Ich wollte Dir den Spaß nicht nehmen. Außerdem war ich zwar tatsächlich auf dem Stuhl neben Dir anwesend. Das heißt aber nicht zwangsläufig, dass auch DU gesessen hast. Jedenfalls nicht die ganze Zeit …

ENGELS: Stimmp, er hätt eher jelejen …

GLOWACZ: Dann hätt et daran jelejen, dat isch blaue Fingernääl han, do muss mer ene dropp jetrodde sinn. Mann, hät dat wieh jedonn!

MEIER: Aber der Reiner Calmund hat sich immerhin entschuldigt … dem kam das auch nicht so gelegen.

ENGELS: Jenau, dä ärme Calli hät jetz sing Schoh mit Bloot versaut …

GLOWACZ: Watt??? Dä Calli hätt mir op de Fingernääl jestande? Daran erinner isch misch janit!

MEIER: Das verwundert nicht, Du bist ja auch vor Schmerz direkt in Ohnmacht gefallen …

ENGELS: Ävver kein Angs … mer han Dir tiecktemang ene Kabänes enjeflößt. Noh dä Fläsch … un drissisch Ohrfeijen vom Calli, worste widder fit. Na ja, zemindestens wach!

MEIER: Die Aktion hatte aber was, lieber Jürgen. Danach war endlich Stimmung im Saal, einige … viele haben Tränen gelacht.

ENGELS: Besonders die Praktikantin, dat Cordula, die Du vürher anjebaggert häss. Unn dä Fründt von de Cordula, dä Baddy-Bilder, is vor Laache op de Knee jejange unn hätt mit singer Fäuste op dä Boddem jetrommelt.

MEIER: Aber das unser Jugend-Trainer Dirk Lottner, das ALLES dann mit seiner Handy-Kamera gefilmt hat und nun per E-Mail an seine Mailkontakte schickt, halte ich für ein klein wenig übertrieben …

GLOWACZ: (völlig entsetzt) WAAAAAAAAAAAAAAAAAAAS ???

Overath, der die ganze Zeit schweigend (und grinsend) zugehört hat, wird dieses Treiben nun zu bunt. Er schaltet sich ein …

OVERATH: RUHE … jetzt is et ens joot. Jürjen … mach Dr kein Sorje. Isch han och evvens en Ihhh-Meehl mit enem Film vom Beckenbauer kräje, … wie er nur in dä Badebotz un enem anjekläävte Nikolausbart mim Uli Hoeneß Walzer am danze is. Dat bliev alles in dä Brangsche jeheim.

ENGELS: Oho, die Bayern hatten och ihre Weihnachtsfeier?

MEIER: Ja Steff, … auch in Bayern feiert man Weihnachten!

OVERATH: Jut is. Jürjen?? Maach Dr keine Sorjen, mer müsse eh ens mit däm Lottner schwaade. Isch han mit dämm eh noch en Höhnsche ze ruppe. Roof en ens aan, dat er kumme soll.

GLOWACZ: Dunn isch, Scheff.

Glowacz greift dienstbeflissen nach dem Telefon, … doch bevor er wählen kann:

OVERATH: Ach Jürjen … … sach dem Lotte, er soll noch ene Kranz Kölsch und dä Krisstoff mitbrenge. Dä is in singem Trääner-Bürro.

Glowacz erledigt seinen Auftrag, man hört ihn nur im Hintergrund, denn Engels ruft empört dazwischen:

ENGELS: Scheff, dat jeht nit, dat is doch minge Dschobb.

OVERATH: Leeven Steff, maach Dir nit n et Hemp. Dat is wie bei Bayern Münschen … do is och jede Possizion dubbelt besetzt! Wat is, wenn Du ens krank wirss?

ENGELS: Ävver isch bin doch kernjesund un im Vollbesitz meiner jeistijen Kräfte …

MEIER: Ob das reichen wird?

Genau in diesem Augenblick öffnet sich die Tür und der Trainer der U17 Dirk Lottner sowie Chef-Trainer Christoph Daum betreten die Szenerie:

LOTTNER: „Für alle durstigen Seelen, han´ ich Kölsch für Eure Kehlen".

ENGELS: Is dat alles, Lotte? En billijes Jedischt? Na ja. Ach ja, … Tach Krisstoff!

DAUM: ICH grüße Euch alle.

OVERATH: Tach Krisstoff … jetz ävver eets ens … PROSSt ZESAMME!!

ALLE: PROSST SCHEFF!!!

DAUM: Hmmm, sehr gut, lecker. Nun denn Leute, ICH fand die Weihnachtsfeier ja eigentlich sehr gelungen, nur das ausgerechnet Herr Novakovic auch eine Flasche Wein als Präsent erhalten hat, war aaaabsolut daneben. Wer ist für diese Aktion verantwortlich?

OVERATH: Deswejen han isch dä Lotte kommen lassen, Krisstoff. Isch hatt Dirk die Aufjabe jejeben die Präsentsche ze besorje … unn …

ENGELS: Ach, dä Lotte wor dat! Isch han nämlisch ene neue Kölsch-Kranz kräje. Ävver esu eine han isch allt ze Huss. Sollen mer nit en bißche „Wichteln" spille?

DAUM: STEPHAAAAAAN … hör mit diesem Unsinn auf, wir sollten doch zunächst …

GLOWACZ: (unterbricht) … die haarige Anjelegenheit mit dem Wing für Novvakowitsch kläre …

OVERATH: SCHLUSS … Jürjen, bevor dä Krisstoff et säät, loss de Hoor us em Spill! So, un nu Lotte, … wie wor dat mit däm Wing für dä Novva?

LOTTNER: Tja, dat wor esu. Neulisch wor isch mit Icke un däm Culli in Dernau op ener Haarprobe …

DAUM: WAAAAAS???

LOTTNER: Ähhhhh, … um Joddes Wille … WEINPROBE … WEINPROBE natürlisch, … tschulldijung Krisstoff! Also, mer woren also do un han dann so ene lecker Wing von dr Ahr probeet. Tja, der wor lecker, schmeck joot zu ener Marlboro, wor jot im Abjang un mer kunnt en joot verdraare. Und ä er och noch in et Büdjee vom Scheff jepass hätt, han mer dä als Präsentsche für de Weihnachtsfeier jenomme. Tja, und dann han mer späder janz verjesse, dat dat noh däm FoooPaaa von däm Novva blöd ussieht, wenn er en Fläsch mit Alkohol krischt. Also, um et klar zu saren: ISCH wor et schold … ävver isch tat et, weil isch ein aabsolut reines Jewissen hatt.

44

ENGELS: Süch ens aan, dä Sproch han isch ävver allt ens irjendwo jehört …

OVERATH: Ruhe, Steff. Tja Lotte, dat wor e bißje blööd. Isch moot mir dat hück morje widder in dr Zeedung durchlese, wie blöd mir beim FC sin, ausjereschnet unserem Alkoholsünder Novva en Fläsch Wing ze schenke. Ävver wat soll et. Dat passiert nit noch ens und damit is et jetz och joot.

GLOWACZ:, Also Scheff, bei allem Konfekt …

MEIER: RESPEKT …

GLOWACZ: Oder esuu. Ävver dat mit der Ihhh-Meehl mit mingem Optritt op dä Weihnachtsfeier häss Du beim Dirk noch nit anjesproche. Dat verlang isch ävver!

OVERATH: Aaaach, joot dat De dat sääs, Jürjen. LOTTE, … isch muß schwer mit Dir schenge, wat häss De Dir bei dä Aktion mit dä Filmaufnahme vum Jürjen jedaach??

Beklemmende Stille …

LOTTNER: Tja, also Scheff … isch … also … na ja … Ähhh ….

GLOWACZ: Dä! Jetz kann hä nix mieh sare. Dat kütt davon!

OVERATH: Also Lotte, esu jeht et nit. MER KANN FAST NIX OP DÄM FILM ERKENNE!!! MENSCH!!! Eh modern Händie han, ävver nit damit umjonn künne. Du hätt´s die Video-Einstellungen beachte solle …

MEIER: Tja, die richtige EINSTELLUNG ist beim Fußball immer wichtig, ob auf oder abseits vom Platz!

GLOWACZ: (völlig verdattert) Ävver, … ävver …

OVERATH: Ärjer Disch nit Jürjen. Passiert halt. Schöne Momente kann mer sisch ja och ohne ene Film in Erinnerung behaale … Sooooo, un jetz müsse mer dat Spill jäje Mainz noch bespresche … dafür jeht dä Steff ens ene Kranz Kölsch holle, … ne Jung?

ENGELS: Mach isch Scheff … (strahlt, verlässt das Büro und singt zur Melodie von „Oh Tannenbaum" …)

Oh Jeissbockheim, Oh Jeissbockheim
Dä Nova krischt nie mehr Jlüüühwein
Schon jestern er nur Fahrrad fuhr …
Er süff jetz nur noch Cola Pur …
Oh Jeissbockheim, Oh Jeissbockheim …
Er zieht sich nu kein Kölsch mehr rein ….

Kurzer Moment Stille. Vorweihnachtliche Stille …

MEIER: Faszinierend!

GLOWACZ: Mischel, wo Du jerad „Nieren" sachs … wat määt mer eijentlisch jejen Nierensteine. Isch han da so ene Druck op dä …

OVERATH: Kütt vom suffe! Sooo, un jetz schwaade mer üvver „Mainz"!

GLOWACZ: Deins? … Dein watt? Aaaach so! 3, 2, 1 … Meins!! Ihhh-Beee!! War dat jemeint?

MEIER: Ganz schön bekloppt, Jürgen!

DAUM: GENAU, der JÜRGEN KLOPP hat MICH auch geärgert. Der mit seiner Faselei über „gefühlte 90 Prozent" …

GLOWACZ: Nüngzisch Prozent? Boooah, mehr als ene Stroh-Rum … da fühlt mer ävver nit mieh vill!

DAUM: ICH meinte den Ballbesitz, Jürgen. Klopp sprach von gefühlten 90% Ballbesitz seiner Mannschaft.

OVERATH: Loss se doch schwaade, wat se welle, Krisstoff. Waat aff, … im Rückspill haun mer die vom Platz, un zwar in Adiletten aus 100 Prozent reinem Jummi! Denne werden mer locker fünf Dinger enschenke …

In diesem Moment erobert Engels, Kranz-bewaffnet, die Szenerie …

ENGELS: Köööööööööööölsch …. Kein fünnef, … SECHS han isch mitjebracht.

46

OVERATH: Na dat passt doch … so, dann drinke mer ene dadropp. Mainz kloppe mer im Heimspiel jefühlte 15 Tore in sing Tor. Da kritt dä Kloppo jet op dä Popo … un jetz:

PROSSt ZESAMME!!

ALLE: PROSSt SCHEFF!!!

Alle trinken, währenddessen klingelt das Telefon, Overath geht diesmal selbst ran:

OVERATH: Ovverath? … Ah Calli, Du bis et … watt … ECHT? DU häss och en Aufnahm von dä Vorjänge von uns Weihnachtsfeier? ACH, … da weed sisch dä Jürjen ävver freuen … schenk dat doch singer Frau zu Weihnachten …

Nun denn. Wie man nachlesen kann, hatte auch im Geißbockheim die vorweihnachtliche, besinnliche Stimmung Einzug gehalten.

47

6
Dä Vize und der „scharfe Hoeneß"

Januar 2008, die Winterpause in der Fußball Bundesliga neigte sich dem Ende entgegen, der richtige Zeitpunkt, die Herrschaften im kölschen Machtzentrum erneut zu belauschen.

Dabei kamen u.a. Dinge zur Sprache wie Kölsch-Verzicht, ein Krankenhausbesuch des Vize, dem „scharfen Hoeneß" und die Folgen, des Siegs gegen Leverkusen, ein Kus(s)-Mißverständnis, Nubbel-Rollen, Daums Trainingsbericht und Overaths Argumente, warum der „Messias" in Köln bleiben muss!

OVERATH: Miiiting!!!

GLOWACZ: Ah, datt Miiting han isch vermisst in dä Winterpaus.

ENGELS: Isch han eher jet anderes vermisst …

MEIER: Was denn, die Theke?

ENGELS: Quatsch, esujet han mer in Mondörp och. Isch meinte eher uns schöne Diskussionen üvver Fußball.

MEIER: Haben wir wirklich schon einmal über „Fußball" diskutiert?

OVERATH: Ich dacht, Du wolltest nit mehr eso nejativ drop sin, Mischel. Hatten mer doch besprochen … soo, jetz fange mer eets ens aan mit däm Miiting …

ENGELS: Is jut, isch jank ene Kranz Kölsch besorje …

OVERATH: Enää, lass dat, Steff. Dat is die erste Neuerung im neuen Jahr. Ab sofort kein Kölsch mieh im Miiting!

Schweigen … Entsetzte Blicke (bis auf Meier)

OVERATH: Watt luurt Ihr esu bedröppelt? Jungs, mer sin doch nit zum Suffe he, odder?

GLOWACZ: Natürlich nit, Scheff. Ävver die ein, zwei Jläschen wore doch nur zur Motivatzijon … weil mer sons ja schon esu hatt ärbigge müsse.

ENGELS: Schaad, Scheff … ävver wenn Du dat so bestimmp häss, haalden mer uns natürlich draan (seufz) … un eijentlich mach isch mer ja nit esu vill uss Bier …

MEIER: Das steht im totalen Gegensatz zu meinen Erfahrungen mit Dir, lieber Steff. Aber mal im Ernst: Ich denke, diese Neuerung kann für unser Entscheidungsgremium nur von Vorteil sein und …

GLOWACZ: Dat DU dat jut findest, üvverascht misch ja nit, du westfälische Spaßbremse …

MEIER: Nun lass mal gut sein, lieber Jürgen. Dass du sauer auf mich bist, weiß ich, aber ich bin es nicht schuld, das Dein Sohn nun in Dattenfeld spielen muß. Er hat es beim FC einfach nicht gepackt.

OVERATH: So, … un jetz reich mir dat. Schluss! Mer wollte doch miite … un dat maache mer jetz och. Also, Punk 1 op dä Ajenda iss: Wie wor für üch die Winterpaus? Jürjen, verzäll ens.

Kurzer Moment Stille …

GLOWACZ: Ähh. Janz juut. Ävver einmal wor isch em Krankenhuus …

ENGELS: Um Joddes Wille … wie furschbar.

MEIER: Genau! Aber wie bist Du wieder raus gekommen?

GLOWACZ: Ming Frau hät op´m Jrossmarkt Pilze enjekoof un en Pilz-Ragout druss, jemaat. Isch han ävver esu en komisch Jefööhl jehatt als isch datt op´m Teller leje hat. Isch denke: „Wenn die jetz jiftisch sin …" Han isch also zur Sicherheit uns Katz zwei Jaffele fresse losse.

ENGELS: Unn?

GLOWACZ: Eets wor alles OK, deswejen han isch dat dann och jejesse. Ävver en Viertelstund späder loch uns Katz op´m Boddem un hät sich wie jeck vür Schmerze jewunden …

OVERATH: Auweia, un dann?

GLOWACZ: Ming Frau hätt misch dann nam Krankehuus jefahre un mir dann, jejen meinen Willen, dä Maren uspumpe loosse … datt wor vielleich widderlich.

MEIER: Und?

GLOWACZ: Ja … un dann kome mer nach Huss … unn da lisch die Katz janz jemütlisch op´m Teppich, zesamme mit vier Junge, die die in dä Zick jeworfe hätt …

MEIER: Hmmmmmmmmmpppfff … (lacht)

ENGELS: Dann vermute isch, et woren ja nit die Pilze …

GLOWACZ: Nee, dat wor dä fette Kater „Hoeneß", von däm verdötschte Bayern-Fän von jäjenüvver …

OVERATH: Nit dat Ding Frau jetz och, … ävver dat lass mer jetz lieber.

GLOWACZ: Um noch ens op die Katzen-Babys zurück ze komme …

ALLE: Nee, Danke, isch will keins!

GLOWACZ: Ach Blödsinn, die han isch doch däm Bayern-Fän üvverlasse und dä hätt denne jetz Namen jejebe. Die heißen jetz: Beckenbauer, Rummenigge, Kahn un Klinsmann …

OVERATH: Un wie heiss DING Katz?

GLOWACZ: (stammelt) … Ähhh … Muschi!!

ENGELS: Ooooch, schöööön! Häste die nach dä Frau vom Stoiber benannt? Ävver schon interessant, dat dä Beckenbauer, dä Kahn, dä Klinsi und dä Rummenigge jemeinsam us ener Muschi …

OVERATH: STOP!!! Is jut, Jürjen. Dat reicht mir an Informatione. Steff, wat wor dann bei Dir loss?

ENGELS: Aach, nix Besonders. Isch hat och nur eenmol Krach mit minger Frau, sons war alles normal.

OVERATH: Wat wor dann?

ENGELS: Sie hät jesaat, et däät langsam reiche, isch würd misch nur noch für Fußball interessiere un janz bestimmp nit wisse, wann mir Huhzicksdaach han. Ävver da kunnt isch kontere …

GLOWACZ: Un wie?

ENGELS: Isch han nur jesaat: Natürlisch weiß isch dat, Liebschen. Dat wor, als mer 5:1 jäje Karlsruhe jewonne han.

MEIER: Ein eiskalter Konter … nun aber mal ehrlich. Sollten wir uns nicht lieber den fachspezifischen Dingen widmen? Für solche Gespräche können wir doch die Meeting-Pause nutzen.

OVERATH: Überredet, Mischel. Söns verzällt dä Steff noch mieh ussem Nähkästche … Dann fange mer mit däm Testspill jäje dä Plastik-Club aan. Na Jungens? Wat sacht Ihr zu dä Jlanzleistung? 3:1 jewonne!

MEIER: Ein sicher erfreuliches Ergebnis, was aber nicht viel aussagt. Bayer Leverkusen kann sicher mehr, als sie am Samstag gezeigt haben.

OVERATH: Hätten se ja maache künne. Da kam ävver nix, die hatten mer klar em Sack und dat hat an unserer Stärke jelejen. Da sieht mer ens, wat esu en Klasse-Träningslarer usmäät.

GLOWACZ: Dat wor super, unser Spill. Dä Trääner vom Chemie-Baukasten, dä Skibbe hät noh däm Spill jeluurt, wie ene kleine Jung, däm mer singe Sankkasten-Bagger fott jenomme hätt.

OVERATH: Esu luurt dä ävver immer! Dat muss nit zwingend wat heißen.

ENGELS: Dann weed et ja Zick, dat ihm eener dä Bagger widder zurück jibt, odder? Ävver wo mer jerad beim Baggere sin, … Jürjen, wat häss Du esu lang mit däm Mädscher vom Ruddi Völler jeschmuus … dat könnt Ärjer jeben. Dä Ruddi is doch schwer eiersüffisch …

OVERATH: Heh, … Fitze, lass esujet sein. Isch will wejen Dir keene Ärjer han. Nit dat dä Ruddi Stress määt. Nejative Stress künne mer nit jebruche. Esujet schlächt auf die Leistungsfähischkeit. Och bei uns Mannschaff. Wat is, wenn mer dann wejen von Dir verursachtem Stress uns Spiele verliere. Wer is et schold?

Engels faltet seine Hände zu einem Megaphon und ruft laut …:

ENGELS: Dä Nubbel, dä Nubbel-Jürjen is et schold!!

GLOWACZ: Steff, das ist aber jetzt …

OVERATH: … Fein!! Steff, dat is ene schöne Name für unsere Fitze.
Nubbel jefällt mer. Da kumm isch dropp zorück.

MEIER: Auch wenn mir diese neue Position für den Jürgen auch gut gefällt,
wir sollten auch noch ein Wort zur Sache mit dem Kus verlieren.

OVERATH: WATT? Hätt dä Nubbel-Jürjen dat Mädscher vom Ruddi
avvjeschlabbert? Wenn dat esu iss, treck isch Disch nackisch uss un verbrenn
Disch noch vür Äschermittwoch am Zülpicher Platz!

GLOWACZ: (empört) Isch han nit jeknutsch … un ene Nubbel bin isch och
nit … jetz is et ävver baal joot.

MEIER: Hallloooo, bitte Ruhe. Jürgen hat niemanden geküsst! Die Rede war
von MURAT KUS, der uns ja bald verlassen wird.

OVERATH: Ach so, däm Krisstoff singe … ähhh … Bejleiter …

ENGELS: (leise) Schoffööör …

OVERATH: Wie auch immer. Fott is fott. Isch jläuv, datt üvverstonn mer als
Verein.

Eifriges Nicken bei Engels …

MEIER: Die Frage ist, was macht Christoph nun? Erst vor kurzem hat er
sich noch einmal sehr lobend über diesen Mann geäußert. Es könnte ja sein,
das er uns dann doch im Sommer Richtung Türkei verlässt und wir uns einen
neuen Trainer suchen müssen.

In diesem Moment klopft es an der Tür, die fast gleichzeitig geöffnet wird.
Es erscheint die Trainerriege Daum, Koch und Häßler.

OVERATH: Ahh, uns Kompetenzteam … wie wor et dann hück, Krisstoff?

DAUM: Roland!!?? Die Statistik!

KOCH: Äh, ja. Wir hatten im Trainingsspiel 12 unforced Error-Pässe, das ist eine Verbesserung um 4 Prozent zum letzten Trainingsspiel. Dazu hatten wir 7 x A...loch, 4 x Wi...ser, 2 x Spinner und sogar 1 x Vollidiot. Die positive Aggressivität haben wir somit um 8 Prozent steigern können.

HÄßLER: Und vergiß nicht, icke habe 2 Tore jeschossen und eens vorbereitet.

KOCH: Ja, stimmt. Du warst heute immer auf Ballhöhe, Icke …

ENGELS: Is bei seiner Jröße ja och nit dat Problem.

HÄßLER: Wie jetz?

DAUM: Um Deine Frage abschließend zu beantworten, Wolfgang: ICH bin fast zufrieden gewesen, jedoch stimmt es mich nachdenklich, dass unser Techniktrainer zum wiederholten Mal bester Mann im Trainingsspiel war. Daraus folgere ICH …

OVERATH: Lass mich raten, Krisstoff, Du bruchs spätestens in dä neue Session nach däm Aufstiesch fünf Mann von internationaler Klasse, sons jehste nach Persien, Türkei odder nach Russland.

DAUM: Wolfgang, ICH bin in der Blüte meiner Trainerjahre. ICH habe wöchentlich Angebote von Champions-Leauge-Teilnehmern. Die wollen MICH mit Geld überschütten, bieten MIR Paläste mit Schwimmbädern so groß wie unser Stadion und wollen MIR eine Weltelf zusammenstellen. Und was bietest du MIR?

OVERATH: Immerhin Hetzbloot, dä Kölner Dom, de Höhner, Viva Colonia, uns Hymne, Wieverfastelovend, Flönz bis an et Lebensende, drei neue „Kracher" für die neu Session … un en Zehnerkaat für et Aqualand kannste och jeden Monat han, wenn du schwemme jon wills. … Ach, un noch jet: Mer maache jetz die Miiting-Paus, un da krisste immer Kölsch für lau vom einzijen singenden Scheffskaut op däm Planet hä. Jetz sach ens: Is dat NIX???

DAUM: Hmmmm …

OVERATH: Ach ja, … un hück ovend op uns Karnevalsitzung im Sartory küsste och ömesöns erinn. Sojar en Uniform „Spinat mit Ei" is inbejriffen.

Un dä Schramma will mer hück Ovend sare, op dat mit dä Ehrenbürjerschaft dies Jahr noch flupp.

DAUM: Du hast in der Tat wirklich überzeugende Argumente.

ENGELS: Alimente??

OVERATH: Steff, haal de Muul und jank ens ene Kranz Kölsch holle, damit dä Krisstoff sieht … un hört, dat et esujet Schönes nur bei uns jitt!

ENGELS: Maach isch, Scheff. Isch eileeeee …. (singt)

„Scheißejaal, Scheißejaaal, mer sin he all im Waaahn,
wenn de Scheff bis, musste Meier ärjere künne,
wenn de Steff bis, musste och die Kränze schleppe künne
Scheißejaal, Scheißejaaal, …." (langsam leiser werdend)

GLOWACZ: Hat er doch schön jemaat, ne Krisstoff?

DAUM: Seine Inbrunst überascht MICH immer wieder. Aber er ist halt top-motiviert, er hat eben MEIN Training schon damals, Ende der 80er genießen dürfen.

GLOWACZ: Ach, deswejen is dä Steff wie er eben iss …

OVERATH: Hür ens Jürjen, willste däm Krisstoff nit ens verzzälle, wat dä „Hoeneß" mit dä „Muschi" jemaat hätt?

HÄßLER: Hoeneß? … Muschi? Poooooh …

DAUM: Waaaas??? Dieser bayrische Wurst-Pharisäer soll MIR noch mal mit der Moral kommen. Na warte, das werde ICH alles mit MEINEN Freunden von der BILD-Zeitung besprechen … dann schlägt das Imperium zurück!

GLOWACZ: Ach Wolfjank, … wen soll dat dann interessieren, dat dä „Hoeneß" dä Vatter vom „Kahn" un all dä andere is …

DAUM: ICH bin sprachlos …

OVERATH: … und dat will wat heißen. Ävver Krisstoff, et is nit wie Du denks. Lass dat mit Dinge Presse-Kontakte lieber … dat hätt ene andere Hinterjrund. Verzällt dä Jürjen Dir später.

DAUM: Schade! Aber egal. Ach so, … habe ICH euch übrigens schon erzählt, das die türkische Post plant, eine Briefmarke mit MEINEM Konterfei zu veröffentlichen … JAAA, DA bin ICH wer!!

KOCH: Super, Christoph!

HÄßLER: Icke freue mir, Trainer!

MEIER: Der FC-Trainer auf einer Briefmarke? Das wäre echt imposant!

HÄßLER: Im … Po … Sand ???

MEIER: Nein, Icke. Ich wollte damit ausdrücken, dass ich beeindruckt bin!

GLOWACZ: (nachdenklich) Tät in Deutschland nit funktioniere, die Marken täte hier in manche Regijonen nit op dä Breefe haale.

MEIER: Wieso?

GLOWACZ: In Bayern würden die doch all op die falsche Sick von dä Breefmark speue …

DAUM: Jüüüüürgeeeeeen???

GLOWACZ: … war nur Spaß, Krisstoff … luur nit esu bös.

Bevor Daum darauf antworten kann erscheint Engels im Büro zurück und …

ENGELS: Hier speut keiner rinn, dat KÖÖÖÖÖLSCH is da …

ALLE: Ahhhhhhh …

OVERATH: Ja dann … op die Rückrunde, uns Aufstiesch un op unserem Welt-Trainer ALAAF und PROSSt ZESAMME …

ALLE: PROSSt SCHEFF !!!

OVERATH: So, da mer jerad Päuschen han, isch han da en Anekdötschen. Wisst ihr, wat däm Steff bei seinem eetsten Trääning für dä FC passiert is? Nee? Dann passt op. Im Trääning flüsch plötzlich en Fläsch op dat Spillfeld, däm Steff jenau vür de Fööss. Dä Steff hätt sich och janz doll erschrocke un schreit „Wat soll dat?" Säät ene von unser Kiebitze, … dä **Jupp:** „Damit Du ärme Düvel nit esu allein bes!"

An dieser Stelle endet die Aufnahme. Die Winterpause scheint gut überstanden, die Herren haben sich viel vorgenommen und sind auch bereit, liebgewordene Meeting-Traditionen in Frage zu stellen. Man wird spätestens nach dem ersten Rückrundenspiel gegen St. Pauli sehen, wie die Mannschaft in Form ist und wie unsere Helden darauf reagieren.

Mein Informant hat einen spiritistisch veranlagten Cousin dritten Grades, der innerhalb einer Seance, eine Verbindung zu einer Gruppe verstorbener Kölner herstellen konnte. Er hat das „himmlische Meeting" mit großen Kölnern protokolliert.

Auf der Colonia-Stammtischwolke sitzen Franz Kremer (1. Präsident des 1.FC Köln, 2 x Meister mit dem Verein), Hennes Weisweiler (Trainerlegende, Macher des Doubles von 1978 u.a.), WDR-Rundfunklegende Kurt Brumme sowie Jean Löring (ewiger Präsident des FC-Lokalrivalen Fortuna Köln) beisammen und analysieren die aktuelle Situation des Geburtstagskinds 1. FC Köln.

Franz Kremer: Esu ne Ärjer. Da han mer hück Ovend in Ooche jespillt und dann 3:2 verloore. Dabei hätt ich nie jedacht, dat die Provinzler uns ens Ärjer maache, jeschweije, dat mir üvverhaup ens in einer Lija jejen die spille müsse.

Kurt Brumme: Du häs ja schon damals alles versöök, dat zu verhindern un häs die 1963 nit in die neue Bundeslija jelassen.

Franz Kremer: War wohl nit esu schlimm, dä leeve Jott hätt mich ja trotzdem in der Himmel eren jelasse.

Hennes Weisweiler: Vielleisch jraad deswejen …

Franz Kremer: Mer hat ja hück jesinn, warum. Ävver wenn ich mer hier anluure muss, wie minge FC hück spille deit! Dat is nit mieh usszehaale. Dat is quasi „die Hölle im Himmel".

Kurt Brumme: Und dat zum 60. Jeburtstach, nix mit „Tore, Punkte, Meisterschaft!"

Jean Löring: Tore un Punkte ja schon, nur kein Meisterschaff …

Franz Kremer: Scheng, seit wann kanns Du dann zum Thema „Meisterschaft" mit schwaade? Dinger Fochtuuna jeht et ja noch schlechter, in welcher Lija spille die jeraad?

Kurt Brumme: In dä Verbandslija, ich bitte die Herren Präsidenten aber nun, sich nit wie söns in de Woll ze krieje …

Jean Löring: Han isch jet Fieses jesaat? Enää, nur de Wahrheit. Dä FC stolpert doch schon lang hinger dä Mussik her. Dat hät mit „mein Vereinche" nix ze dun.

Hennes Weisweiler: Is schon ärch komisch, wat da passiert is. Leck misch in de Täsch, wenn mir ens eener jesaat hätt, da dä FC ens in dä zweiten Lija spillt un die Fochtuuna in dä fünften, dä wär reif für de Jeckes jewääs.

Franz Kremer: Die jung Lück maache dat einfach nit akkurat jenooch. Mer bruch sich nur dat Präsidium von unserem FC anzeluure.

Hennes Weisweiler: Wenn isch jewollt hätt, dat dä Ovveraath Präsident jeworden wäre, hätt ich dä damals nit ussortiert.

Kurt Brumme: Nun ja, als Funktionär muss er ja nit laufen …

Hennes Weisweiler: Ävver funktioniere. Unser Franz Kremer hat winnichstens Einfluss beim DFB jehatt, dä hätt die erste Lija esu lang opjestockt, bis dä FC nit abjestiejen wär!

Jean Löring: Dann hätte mer ja jetz drissisch Mannschafte in dä Bundeslija?

Franz Kremer: Hätt isch kein Problem mit jehatt. Et es ävver jetz, wie et is …

Kurt Brumme: Hennes, bist Du nit jet streng mit däm Jung? Dä Wolfjank jibt sich doch Mühe …

Hennes Weisweiler: Dat allein reich nicht. Dä Franz Kremer kunnt zum Beispill och besser un unauffällijer klüngele als dä Ovveraath, dä hät singe Fründe jedenfalls nit in et Präsidium jeholt. Wat is dann dä Jlowatsch für eine? Dä hätt doch als Spieler nur die Schluffen vom Ovveraath blänk jewienert. Un hück träscht der däm doch och nur de Aktetäsch.

Franz Kremer: Unn selvs daraan hollt der sich ene Bruch … dat is eh ene Räuber. Un wat dä Engels da eijentlich määt …

Jean Löring: Da Jung is joot, dä hätt och ens für „mein Vereinche" jespillt.

Franz Kremer: Ach deswejen sucht der als Talentesucher nur Spieler aus, die für de fünfte Lija taugen! Den kann mer doch überhaupt nit für voll nehme.

Jean Löring: Mansches Mol schon.

Hennes Weisweiler: Als Spieler wor dat en Talent. Jedenfalls esulang wie er bei mir wor. Wat er hück drop hät, …?

Kurt Brumme: Immerhin trägt hä Verantwortung …

Hennes Weisweiler: Isch han jehört, er träscht jet janz anderes … ävver ens zoröck zum Ovveraath, dä …

Kurt Brumme: Nun lass en doch mal in Ruhe, er määt doch aktuell kaum Fehler.

Hennes Weisweiler: … ävver och nur deswejen weil dat Präsidium JANIX määt, … ausser joot uszesinn. Isch han die widder wie die Höhner op dä Stang im Stadion sitze jesinn. Schön fein erusjeputzt worense ja.

Franz Kremer: Nu ja, mir sin fröher och in Trikkos vom DIOR opjeloofe. Jejen schicke Sachen hab´ich ja nix. Ävver die Leistung muss stimme. Dämm Trainer würd isch noh däm Spill ööntlich dä Kopp wäsche.

Kurt Brumme: Dä lässt keine mie an singe Hoore draan, leeven Boss. Wör isch jetz noch beim WDR würd ich ävver dä Overath fraren, wat hä denk, wat mer jetzt maache kann.

Hennes Weisweiler: Kann isch dir saren. Die sitzen im Jeissbockheim, han ene Altar opjebaut un bedde jeden Daach ene Rusekranz, dat dä Daum dat mit däm Aufstiesch doch noch packe deit …

Jean Löring: Mir is zu Ohren jekommen, dat da wirklisch jet mit enem „Kranz" lööf.

Hennes Weisweiler: Ob Rusekranz, Adventskranz odder Kölsch-Kranz. Alles ejaal. Opsteije muss dä FC. Ävver mer han jo hück in Ooche jesinn, dat dat widder nix wor. Esu klapp dat nie.

Franz Kremer: Wat künnt mer da von uns aus maache? Kannste däm Daum nit ens im Traum erscheine un en paar Tipps jevve?

Hennes Weisweiler: Nääää, han isch noh däm Essen–Spill letztes Johr an Karneval probeet, dä Daum is stur un hätt minge Rotschläje jlatt nit für ernst jenomme. Jetzt will isch och nit mieh.

Kurt Brumme: Stur? Vom wem hätt dä dat, leeven Hennes? Ävver unger däm Strich ist das Daum Angajemang bisher en Entäuschung jewääs.

Hennes Weisweiler: Richtisch … däm singe beste Aktion im Kölsche Stadion wor sing Hierood mit dä „Callas vom Hahnwald".

Franz Kremer: Is dat alles bitter. Womit han mir Kölsche eijentlich verdient, dat mir all esu hatt bestraaf werde vom leeven Jott.

Plötzlich Schalmeienklänge auf Wolke 130248 … es erscheint Engel Maurice Banach mit diversen Trinkhörnern.

Maurice Banach: Eine Runde Petrus-Kölsch für aaaallle ….

Alle zusammen: Ahhhhhhhh ….

Franz Kremer: Ja, dat kommt jenau richtisch. Jerad nach so ´ner Niederlare. Wie kom dat dazu, leeve Jung?

Maurice Banach: Das kam auf Anweisung von ganz oben! Angeblich sollte das Aachen-Spiel ja unentschieden enden, aber der Schutzengel vom Schiedsrichter ist Alemannia-Fan. Ist bei der Einteilung übersehen worden …. Und der hat … nun ja … Einfluss genommen. Daher sollen wir uns nun das Bier schmecken lassen. Als kleine Wiedergutmachung …

Hennes Weisweiler: Sauerei …

Franz Kremer: Mer nemme et, wie et kütt. PROSSt zesamme!!!

Alle: PROSSt BOSS !!!

Alle trinken …

Jean Löring: Ahhh, lecker, en Jedicht!

Kurt Brumme: Himmlisch …

Hennes Weisweiler: Jo, … janz juut. Ävver dat Flüjel-Kölsch schmeck mer noch e bissje besser. Als wenn en Engelscher Dir op de Zung piss …

Franz Kremer: He im Himmel jefällt mir der Spruch nit mieh, … leeven Mucki. Kannste versööke noch en Rungk ze kräeje? Schließlich hätt die Niederlare ördentlisch wieh jedonn.

Maurice Banach: Probieren kann ich es ja …

Banach verlässt die Wolke um sein Glück bei der Bierbeschaffung zu versuchen …

Franz Kremer: So, un nu müse mer noch klären, wer hück „frohlocken" muss.

Hennes Weisweiler: Noh däm Spill? Isch bestimmp nit …

Kurt Brumme: Oje …

Jean Löring: Isch kann hück nit. Ming Harfe is kapott!

Franz Kremer: Kanns de ming han. Isch wor beim letzte Mol mit „Hallelulja" und „Hosienna" singe draan. Einer von üsch muss et maache. Wer will freiwillisch?

Schweigen … Stille …

Franz Kremer: ICH bin he dä BOSS. Unn isch bestimme jetz ene Freiwillije odder Ihr mööt et usspille.

In diesem Moment kramt Kurt Brumme ein Kartenspiel aus seinem Engelsgewand und erwidert:

Kurt Brumme: Also jut. Mer kloppen ene Skat. Ich jebe … (verteilt die Karten) … ach so. Wer verliert, muss dann frohlocken …. wer jewinnt, kritt Kaate für dä Schwank hück Ovend im „Paulus-Theater". Dä Millowitsch un dat Trude Herr spille widder „Dä Etappenhas" … Das is doch jet, odder??

Stimmengewirr : 18 … Ja … 20 … Ja … Weg …

Hier endet der stimmungsvolle Bericht des Mediums. Man kann davon ausgehen – natürlich nur, wenn man solchen Dingen Glauben schenkt - dass auch im Himmel das Schicksal des FC sorgen- und hoffnungsvoll begleitet wird.

8
Klatsche bei den „Printen"

Dienstag, der 12. Februar 2008. Nur einen Tag nach der 2:3-Niederlage in
Aachen, steckt die Führungsriege wieder die Köpfe zusammen. Ausgerechnet
vor der 60-Jahr-Feier des FC herrschte ob der schwachen Ergebnisse,
im Spiel zuvor reichte es gerade mal zu einem glücklichen Punkt gegen
Aufsteiger St. Pauli, eher schlechte Stimmung. Doch unsere Protagonisten
zeigen sich handlungsfähig und kampfbereit, wie das Protokoll unseres
Spions belegen kann.

OVERATH: Miitiiing!!

DAUM: ICH bin schon da, Wolfgang!

MEIER: Moment, muss noch mein Telefonat beenden!

GLOWACZ: Isch kumme …

ENGELS: Bin op´m Wääsch …

OVERATH: Mischel, maach fäädisch, mer han Miitiiing!!

*Meier telefoniert noch weiter, gesellt sich aber mitsamt Handy am Ohr,
zu den Kollegen.*

MEIER: … gut, dann sind wir klar, Herr Weber. Michael Schumacher wird
bei einem der nächsten Heimspiele einmal vorbei schauen. Vielleicht können
wir ja am Rande des Spiels einmal über seine Investitionsbereitschaft reden?
… OK, werden wir sehen. Bis später also, Wiederhören!

GLOWACZ: Han isch rischtisch jehört, wor dat dä Webers Will?

MEIER: Ja, das war Willi Weber, der Berater und Manager vom
siebenmaligen Formel 1-Weltmeister Michael Schumacher.

OVERATH: Hässte immer noch Hoffnung, dat dä Jeld locker määt? Also
Mischel, isch weiß et nit …

MEIER: Versuchen sollte man es, schließlich ist der FC nach wie vor sein

Lieblingsverein und finanzielle Mittel sind bei ihm ja nun ausreichend vorhanden.

GLOWACZ: Supper! Dann künne mer uns ja in dä neue Session endlisch dä Poldi widderholle … mit däm künne mir die Ööcher vom Platz fäje …

MEIER: Na, mal langsam, noch ist ja gar nicht klar, ob der Schumacher überhaupt investiert. Aber ich bleibe am Ball.

OVERATH: Winnichstens einer, der am Ball bliev, … nit wie uns Versarer jestern in Ooche. Die Kartoffelkäfer han uns jestern Knüddel in de Bein jespillt. Also Krisstoff, wat wor dat jestern widder für ene Driss?

DAUM: ICH denke, das Thema ist schnell geklärt. Der Elfmeter in der 35. Minute, der mal wieder ein Witz war, hat das Spiel gedreht und unseren Rhythmus gebrochen.

OVERATH: Jebrochen? Stimmp! Isch han och baal jebrochen!!! Natürlich wor der Elfmeter, den dä Schnippel jepfiffe hät, ene Frechheit …

MEIER: Sippel, der Schiedrichter hieß Peter Sippel!

OVERATH: Wie och immer. Jedenfalls wor dat en Sauerei von däm … ävver dat uns Mannschaff dann noh däm Elfer von däm Wadenkramp …

MEIER: Reghekampf … Reghekampf hieß der Aachener Elfmeterschütze!

OVERATH: Ejaal … jedenfalls dat mir danach esu lebsch un zittrisch jespillt han, is doch Kappes, oder wie siehst Du dat Krisstoff?

DAUM: Wolfgang, ICH habe der Mannschaft in der Pause gesagt, das der Schiedsrichter aufgrund seines Elfmeter-Fehlers uns sicher auch einen Elfmeter zugestehen wird. Und damit habe ICH ja mal wieder aaaabsolut Recht behalten.

OVERATH: Dat wor clever, Krisstoff. Noch besser hätt isch et jefunge, wenn uns Truppe och darüber informiert worden wär, dat se, um ene Elfer ze krieje, och in dä jeschnerische Strafraum eren müsse. Dann hätte mer dä Elfer vielleich nit eets in der 89. Minute kräje, als et schon 3:1 für die Printe stand.

GLOWACZ: Immerhin Scheff. Mer han dä eetste Elfer in dä Session kräje. Da hät dä Krisstoff schon supper taktiert.

OVERATH: Für ene Elfer krieje mer ävver keine Punkte, Du Tüte Nüsse. Außerdem: Watt soll dat Jeschwätz, dat Du am Aufstiesch zweifelst, Krisstoff?

DAUM: ICH weiß genau, warum ICH das sage. Damit will ICH die gegnerischen Trainer im Glauben lassen, wir würden an uns zweifeln.

OVERATH: Häh? Krisstoff, lass dat sein, mer sind dä FC Kölle, mer zweifeln nit an uns. Klar?

ENGELS: Also steije mer jetz doch op???

OVERATH: Natürlich steije mer op! Ne andere Alternative kütt ja nit in Frare! Dat künne och die Schiedrichter nit verhindere …

GLOWACZ: Letzte Woch hatten mer doch dat lecker Steinhaus Mädscher als Schiedsrichterin. Dat wor ävver janit esu schlääch … immerhin hät die dat Ausjleichstor jäje St. Pauli vom Chihi jelten lassen.

ENGELS: Eja, ävver nur weil dat die Frau vom Pitter Millowitsch iss …

MEIER: Bibiane Steinhaus hat nichts mit der Millowitsch-Familie zu tun, Steff. Die Frau vom Peter Millowitsch heißt Barbie Steinhaus-Millowitsch. Es besteht aber keine Verwandtschaft mit der Schiedsrichterin.

GLOWACZ: Interessant find isch ävver, dat dat Steinhaus Mädscher – wie dat letztens in dä Zeidung stand - noh däm Spill immer mit dä Assistente dusche deit … da künnt mer op komische Jedanke kumme … (grinst fies)

ENGELS: Aha … hmmm …(grinst ebenfalls fies …)

MEIER: Aha, das Niveau sinkt, aber die Stimmung steigt. Das Meeting droht abzugleiten …

GLOWACZ: Mach disch locker, Mischel. Mer miite ja normal wigger.

OVERATH: Schluß mit dä Zänkerei! Maachen mir ene Hooke an dat Ooche-Spill. Mir is noh Fiere zumute. Schließlich han mer ja baal 60-Johr-Feier!

GLOWACZ: Dann könne mer uns widder an schöne, ahle Zigge erinnere … ne, wat wor dat fröher schön!

MEIER: Du meinst die Zeiten als Franz Kremer und Hennes Weisweiler noch Maßstäbe setzten?

OVERATH: Stimmt! Franz Kremer war einer der jrößten Präsidenten, die der Verein jemals jehabt hat … er ist meine Transpiration!

MEIER: Du meinst sicher INSPIRATION!

DAUM: Von Hennes Weisweiler habe ICH viel gelernt, er erscheint MIR heute noch manchmal im Traum um MIR zu sagen, das ICH alles richtig mache!

MEIER: Das kann er jetzt ja leider nicht bezeugen.

DAUM: WAS?

ENGELS: Misch hät dä Hennes ja noch entdeck …

MEIER: Tja, jeder macht mal Fehler …

ENGELS: Wie tust du dat meinen?

OVERATH: Schluß jetz … mir han dat Ooche-Spill avjehookt. Kütt mir nit mieh vür, Krisstoff. Sorsch dafür … un wenn dä Hennes Disch beim nächste Mol im Traum besööke deit, dann hür ens jenau zo wat hä säät. Vielleisch wor beim letzte Mol dä Empfang jet schlääsch.

DAUM: Aaaber …

OVERATH: Schön, dat mir einer Meinung sin. SOOO, Jungens, un da mir Jubiläum han, verzäll isch Üsch ens, wie isch däm Radenkovic ens die Bud volljehaue han … odder han isch Üsch dat schon ens verzallt?

ALLE (angstvoll …) : JA, HAST DU!!!

OVERATH: Kein Problem, dann is hück da Sepp Maier draan … passt ens joot op, dat wor esuu …

An dieser Stelle endete der Mitschnitt … das Band war zu Ende. Schade, Anekdoten vom Chef hören wir doch immer wieder gerne, oder?

9
Luigi, der Meisner und eine Darmspiegelung

Stephan Engels sitzt alleine im Chefbüro. Das Meeting zum Spiel des FC gegen 1860 München am 22.02.2008 (0:0) hat noch nicht begonnen, es ist noch etwas Zeit und der Chefscout des 1.FC Köln überlegt, wie er diese sinnvoll nutzen kann. Da kommt ihm ein Gedanke, er greift zum Telefon und wählt:

Tuuuuuut … Tuuuuuuut … Tuuuut …

LUIGI: Pizzeria Luigi, der Scheffe isse selbe an de Apparate?

ENGELS: Oh, datt jing ävver flöck. Tach, isch bin et. Kann mer bei üch jet bestelle?

LUIGI: Si Si, Signore …

ENGELS: Sie? Wie jetz? Ach so. Jenau … Isch will jet bestelle, is jo och söns keiner do.

LUIGI: Prego?

ENGELS: Enää, nix Pedro … isch bin dä Engels …

LUIGI: Ahh, Pizza Angelo …

ENGELS: Enää, ne Pizza Diavolo für misch.

LUIGI: Una Pizza Diavolo für Signore Änkels, OK … Vino?

ENGELS: Ne, isch will kein Limo …

LUIGI: No, no Signore. Vino Rosso, Vino Bianchi …

ENGELS: Die zwei Spieler mit däm jleischen Vornamen kenn isch nit, isch kenn nur dä Luca Toni …

LUIGI: Itaaalia … Itaaalia … Luca Toni prima, fantastico … isse aber keine Vino …

ENGELS: Wissen se wat, Luidschi? Bringen se mir nur die Pizza, dat wööd mer schon reichen.

LUIGI: Bene … wohin?

ENGELS: In et Jeissbockheim …

LUIGI: (langsam radebrechend) In däm Gleisdock 3?

ENGELS: Enäää, JEISSBOCKHEIM!!!

LUIGI: Ahhhh, naturalmente … (wieder langsam radebrechend) Beiss-Block 3!!

ENGELS: (versucht es hochdeutsch) GEISS – BOCK – HEIM!!!

LUIGI: Aaaaahhhh, Naturalmente! Si Si, isse also direkte im Zoo, … wo Ziegen sein zu Haus?

ENGELS: Luidschi, hür ens zo! (leicht verzweifelt) !!! Du kenne 1. FC Köln?

LUIGI: Aaaaah, Calcio?

ENGELS: Nee, kenn kaal Schooh. Eher wärm Fööss in enem Fußballschoh! FUSSBALL!!! 1.FC Köln.

LUIGI: Naturalmente! Calcio! Där FC isss meine sweite Lieblingsverein, nach Internationale Milano … Rummenigge war beste Spieler von die FC …

ENGELS: Dä hätt doch nie beim FC jespillt! Ach ejal. Du wisse, wo 1. FC Köln ist?

LUIGI: Naturalmente! Im grüne Gürtel isse die Tsuhause von die Hennes … im Frantz-Krämär Park!

ENGELS: Na also, jeht doch. Dann sieh zu, dat du her küss. Isch han en Hüngersche …

LUIGI: Isse beeile … bisse gleich!

Klonk … aufgelegt …

ENGELS: (murmelt) Mann, war dat en schwere Jeburt. Jut, dat isch esu joot italienisch kann.

Die Tür öffnet sich und Overath, Meier, Glowacz, und Lottner betreten das Büro. Overath ergreift das Wort:

OVERATH: Ahhh, he is unser Steff! Jung, mer han Disch at jesöök.

MEIER: Genau, an der Theke …

ENGELS: Unn???

GLOWACZ: Ja, wie unn? Du wors nit do!

LOTTNER: Is doch jetz ejal … wat anderes, Scheff. Bevor dat Miitting aanfängt. Kann ich noch en Marlboro qualmen?

OVERATH: Enää Lotte, … he in mingem Bürro will isch dat sowieso nit. Außerdäm maache mir jetz:

Miiiiiiiiiiiiiiitiiiiiing !!!!

GLOWACZ: Oh, dat war eindeutisch, … bin parat, Scheff!!

MEIER: Ich bin gespannt, was im heutigen „Jour fixe" Thema sein wird.

ENGELS: (errötet) Dschuur Fick´s??? Mischel, du aahlen Firkeskopp!

MEIER: Ach Steff, Ein Jour fixe, was aus dem französischen kommt und „fester Tag" bedeutet, ist ein in einer kleinen Gruppe von Personen fest vereinbarter Termin, auf den alle Beteiligten keine anderen Termine legen, sondern der für gruppeninterne Abstimmung reserviert ist. Das ist ein Begriff aus dem Projektmanagement.

OVERATH: … un op Deutsch heiss dat „Miiitiiing" … hürt mit däm Verzäll op. Mir han wichtige Sachen ze bespreche.

LOTTNER: (dienstbesflissen) ICH bin janz Ohr … Scheff! Soll isch vürher ene Kranz Kölsch besorje?

ENGELS: (flüstert) Schleimer …

LOTTNER: Watt?

ENGELS: Ähhh … un denk an dä Eimer. Die Putzfrau hät dä he stonn jelasse …

OVERATH: Quatsch, Steff! Dat is doch dä Eimer, den Du letzte Woch jebruch häs um minge Ware ze wäsche. Schon verjesse …

ENGELS: Ach jo, stimmp jo …

OVERATH: Übrijens, dä wor inne drin nit rischtisch sauber, da häste en bissje geschludert. Un am Kotflüjel han isch ene kleine Kratzer im Lack jefunge …

ENGELS: Am Kotflüjel? So ene Driss … ävver isch wor dat nit. Dä war vürher allt do.

OVERATH: Schwaade mer späder drüver. Eets ens dat Miitiing!

LOTTNER: Jut, … ene Kranz?

OVERATH: Nee, Lotte. Et wood beschlossen, nur noch in den Pausen - un dat auch nur in absoluten Ausnahmefällen - mal en kleines Stößchen ze drinke …

GLOWACZ: (hellhörig) Stöööööößchen???

OVERATH: Nit dat wat Du wieder denks, Jürjen. Du jrauer Wolf … et jingk he nit um ding Beuteschema, sondern um die 0,1 Liter Kölsch-Jläser, och „Stößchen" jenannt.

GLOWACZ: Ach so! Jut. Ävver Scheff … esu jrau bin isch doch ja nit. Die Hoor sin doch naturschwatz …

ENGELS: Naturschwatz jefärbt! Kanns froh sin, dat dä Krisstoff hück nit do is.

GLOWACZ: Ach ja, wo is dä eijentlisch?

ENGELS: Hätt von singer Angela en SMS kräje, er mööt noh Huss kumme, die Anjebote anderer Vereine sichten.

MEIER: Muss uns das beunruhigen?

OVERATH: Nee, Mischel. Dat määt dä jede Woch. Isch verrod üsch jetz wat, dat bliev ävver unger uns. Die Anjebote schriev immer minge Marco. Dä Krisstoff bruch dat doch für sing Selbstvertraue. Mer saren dann immer fründlisch ab, kurz bevor et äähnz weed. Dä Krisstoff bliev ävver esu unger Spannung. Hück zum Beispill mööt er en Aanjeboot dabei han, die Nationalmannschaff von Tadschikistan ze betreue.

GLOWACZ: Jenial Scheff!

OVERATH: Isch weiß … SO! Ävver jetz weed dann endlich jemiited, mer han noch vill Ärbigg vor uns.

ENGELS: Ärbigge müsse mer och noch? Mer han doch sons schon esu vill ze dunn!

MEIER: Stimmt! Wir sollten wirklich noch einmal die Details des letzten Spieltags aufarbeiten. Kommen wir also zum „Status Quo" …

ENGELS: Kenn isch … die han isch fröher auch oft jehört. Ming Lieblingslied war "In the army now".

MEIER: Oh Mann, … STEFF, also … was soll ich dazu sagen!

LOTTNER: Also soooo schlecht, fand isch dat nit, Mischel. OK, „Rockin´all over the World" wor besser … dat sehe isch ein, aber …

MEIER: Maaaaann, … mit „Status Quo" war nicht diese Musikgruppe gemeint, sondern der „jetzige Zustand". Nichts anderes bedeutet nämlich Status Quo!

OVERATH: Jenau, Mischel! Setz disch durch. Also, als erstes würd ich jern vom Fitzeprässidenten wisse, wie dä aktuelle Zustand zu bewerte is. Jürjen, Du häss dat Woot.

GLOWACZ: Tja, wenn du et so jenau wisse wills, Scheff, dann haal isch misch och nit zöröck. Also, nach einer jenauen Untersuchung steht fest: Es is alles in bester Ordnung. Dä Durchfall is fott, die fiese Blähungen och allt fass … ming Darmspiejelung hät jezeischt, da dä aktuelle Zustand zufriedenstellend is … isch soll nur nit mieh esu lang waade, wenn isch op de Klo muss. Un isch muss mieh Flüssischkeit nemme. Dann rötsch et besser …

Stille … offene Münder … peinlich berührtes Schweigen … in dieses Schweigen hinein klingelt plötzlich das Telefon. Overath, der sein Gesicht zuvor in beide Hände verbarg, gibt Glowacz ein Zeichen, das er den Hörer bedienen darf.

GLOWACZ: Ja, Jürgen Glowacz, Vizepräsident des 1.FC Köln? Wer is do? …. Watt? … Wie …? Enä, mer kaufe nix. …. Oh, dat tut mer leid, euer Hochwürden. Ja, der Scheff is do. Isch verbingk ens.

Leicht errötet reicht Glowacz den Hörer an Overath weiter … dieser wirft seinem Vize noch einen strafenden Blick zu, bevor er spricht:

OVERATH: Ovverath?

MEISNER: Gott segne Dich, mein Sohn. Hier spricht Kardinal Meisner, der Vertreter Christi im heiligen Köln.

OVERATH: Jrüß Jott, Herr Kardinal. Wat kann isch für Sie dun?

MEISNER: Mein Sohn, ich denke, wir können als Christenmenschen dieser schönen Stadt viel voneinander lernen und profitieren. Der Grund meines Anrufes ist folgender: Der von Gott verlassene … Entschuldigung … gesegnete 1.FC Köln schafft es immer wieder, viele Schafe auf sein Grün und drum herum zu platzieren.

OVERATH: Da han se Rääch, mer han wirklich vill Fäns un Zuschauer. Dat stimmp.

MEISNER: Ich sehe schon, mein Sohn, Du kannst mir folgen.

OVERATH: Kein Thema, loofe kann isch noch joot, bin ja och noch im Trääning. Wollen se vielleisch ens in uns Tradizionsmannschaff mitspille? Mer künnte noch ene knallharte, kompromisslose Manndecker jebruche …
MEISNER: Das, mein Sohn, war weniger meine Intention. Ich will zur Sache kommen: Das Kölner Stadion ist voll von FC-Gläubigen, während unsere Kirchen leer bleiben. Diesen Zustand kann ich nicht länger hinnehmen. Da auch der 1.FC Köln nicht länger zweitklassig bleiben möchte, dachte ich, wir könnten uns gegenseitig helfen.

OVERATH: Sarense doch jleisch, dat se klüngele wolle, Herr Hochwürden …

MEISNER: Nun ja, mein Sohn. Wie man das auch immer nennen mag. Hier mein Angebot: Ich persönlich würde jeden Tag drei Rosenkränze beten, damit der 1. FC Köln aufsteigt. Dafür schickst Du mir, mein Sohn, einmal in der Woche Bruder Novakovic und Bruder Helmes in diverse Kirchen. Alleine ihr Erscheinen würde uns viele verirrte Schafe in die Gotteshäuser zurück bringen.

OVERATH: Klingt nit schlääch, vor allem dat mit dä Rusekränz. Wir arbeiten he och an un aan mit enem Kranz. Ävver passen Se op, dat dä Bruder Novakovic nit an dä Messwein jeht … und dä Bruder Helmes nit dä joldene Kelch in die Hüh hevve deit un anfängk „We are the Champions" ze singe…

MEISNER: Mein Sohn, da werden wir schon aufpassen, unser Wein ist uns heilig … Oh, mein Sekretär hat eine dringende Frage. Können wir später weiter telefonieren, mein Sohn?

OVERATH: Ja, Vatter … ähhhh. Herr Kardinal. Maachen mer späder wigger. Tschöö-öööh …

Legt auf …

MEIER: Wolfgang, ich finde, Du warst ziemlich unhöflich zum Kardinal. Dein Vokabular liess etwas zu wünschen übrig.

OVERATH: Quatsch … Mischel, hür op ze meckere. Isch bin doch keine Klosterschüler. Dä Mann muss sich daran jewenne dat isch Päsident bin un er bloß Kardinal! Außerdem han isch ene Zuschauerschnitt von 40.000 und dä nit. Ävver is jut, Mischel. Isch bin beim nächsten Jespräch freundlicher … isch kann och Aaschkruffe … wenn et sein muss.

GLOWACZ: Ähhh, wo waren mer eijentlisch jrad im Miitiing?

OVERATH: Bei dinger Zuständischkeit … also dingem Zustand.

ENGELS: Status Quo …

OVERATH: Dä Status Quo is, dat isch jetz Doosch han, en klein Paus muss sin. STEFF … holl uns ene schöne Kranz Kölsch mit frisch Jezappten … isch han et jetz nüüdisch.

GLOWACZ: (erfreut) Oooch, schön, en lecker Kölsch …

OVERATH: Steff, dä Fitze kritt anstatt Kölsch ene jrosse Tass Kamillentee. Isch fühl misch ab hück für singe „aktuelle Zustand verantwortlich".

GLOWACZ: (mit entgleisenden Gesichtszügen) Aaaaaber … isch …

OVERATH: Is schon jut, Jürjen. Brauchst Disch nit ze bedanke. Isch hab eben en weiches Herz, isch pass op Disch op. Steff? Worop waats Du?

Fies grinsend verlässt Engels den Raum, mit einem neuen Hit für alle …

ENGELS:

„Ene Besuch op´m Klo, oh oh oh oh,
ne wat is dat schöön … ne wat is dat schöön.
Jürjen singe „Status Quo" … Op´m Herrenklo …
Dat is nit esu schöön, ävver dat krijen mer hin.

(leiser werdend)

Kaum hat Engels den Raum verlassen, klingelt erneut das Telefon … Overath seufzt schicksalsergeben, hebt den Hörer an und flötet ins Telefon:

OVERATH: Euer Hochwohlgeboren, eure Merkwürdischkeit, erhabener Hirte und von Gott gesandter Bote der einzigen Wahrheit. Ich, der unwürdige Präsident dieses kleinen Vereins in dieser heiligen Stadt, grüße Sie und küsse knieend Ihren Siegelring … wollen wir gemeinsam das Brot brechen und essen … so wie es der Sohn Gottes bereits getan hat?

Stille … Stille … dann eine Stimme

LUIGI: Ähhh … Herr Präsidente …??

OVERATH: Ich, Präsident und Weltmeister … Ja, ich bin es.

LUIGI: Ahhhhh, Härr Bäckibauärr, hier isse Luigi, isse bringe die Diavolo tsu euch. Pizza-Brote habä isse auch dabei, könne mir gerne breche, Herr Francesco Bäckibauärr. Iss habe immer bewundert ihre fantastico Aussänrisste …

OVERATH: Moment ens, wat bis Du dann für ene Tünnes?

LUIGI: Nickesse Antonio, … Luigi isse meine Name. Ohh, Francesco Bäckibauärr! Isse musse meine Mamma anrufe, die habe immer geträumt von Amore mit Francesco …

73

OVERATH: ICH BIN OVVERATH!! NIX BECKENBAUER, … Du schäälen Kopp. Wat willst Du üvverhaup, du Schwätzer?

LUIGI: Nix Günther Näätzer. Isse Luigi! Isse bringe Pizza für Signore Änkels und suche die Büro …

> *Overath reicht dies und er legt auf. Seine angespannte Haltung verrät den Meeting-Teilnehmern, dass es wohl besser ist, nichts zu sagen. Jedoch erscheint Engels nun im Türrahmen, schwenkt fröhlich den Kranz und ruft:*

ENGELS: Köööölsch iss do!!!

OVERATH: (total genervt und lauernd) Steff!!! Isch bruch jetz janz dringend jet, wat mich zosätzlich zu däm Kölsch opbaue däät … lass Dir jet enfalle. Ene Spruch, en Leed, … ejal watt! Ich bin schwer jestresst. Also, werd bloss kreativ!

> *Engels überlegt kurz und dann platzt es aus ihm heraus:*

ENGELS: Wir wör er mit enem Jedicht:

Wat sitzt nevve dem Delling esu ne hässlische Schwätzer,
dä üvverhaupt kein Ahnung von Fußball hat.
Dat iss doch bestimmp widder der Schwaadlappen Netzer.
Doch uskenne deit sich nur dä Wolfjank, … dä Overath!

> *Stille. Alle schauen auf den Präsidenten, dessen Gesichtzüge noch eingefroren sind. Dann jedoch entspannt sich seine Miene und …*

OVERATH: Nit schlääch, Steff. Jar nit schlääch. Also dann, … PROSSt ZESAMME …

Erleichterung …

ALLE: PROSSt SCHEFF!

> *Plötzlich klopft es an der Tür …*

OVERATH: Ach, dat is sicher dä Luidschi. Lass dä Jung erin. Jürjen?

Schriev ihm en Autojramm, ävver als Beckenbauer. Dä merkt dä Ungerschied nit un mir krieje all ens Pizza für lau … ach und Jürjen, wenn dä Meisner anroof, jehs Du ran und verzälls ihm von Dinger Darmspiejelung. Für hück will isch Ruhe han, damit dat Miitiing esu schön vüran lööf, wie bisher …

Hier endet das Protokoll dieser ungewöhnlichen Sitzung. Man darf gespannt sein, ob der FC die Kooperation mit dem Erzbistum fixiert. Etwas himmlischer Beistand würde dem Verein sicher gut zu Gesicht stehen!

75

10

Der Chef will Klopp

Christoph Daum kann und möchte aktuell keine Aussage bezüglich seiner Zukunft als FC-Trainer tätigen. Seinen Vertrag kann er bis zum 31.5.2008 kündigen oder weiter fortsetzen. Das Präsidium wüsste aber gerne bereits jetzt (12.3.2008) darüber Bescheid, wie es weitergeht. Im Protokoll des geheimen Informanten erkennt man aber, dass man sich keine Sorgen machen muss, dass der 1.FC Köln eventuell ohne Trainer dasteht. Die Weichen sind in jeder Hinsicht gestellt worden, wie man dem Bericht entnehmen kann.

OVERATH: Miiitiiing !!!

GLOWACZ: Schön, isch han eh nix ze dun.

ENGELS: Endlich widder schwaade.

MEIER: Sehr gut, Wolfgang. Ich habe einiges mit Euch zu besprechen.

ENGELS: Brechen???

OVERATH: Bis still, Steff. Mer han wichtije Sache zu rejeln.

ENGELS: Han mer jetz endlich dä Millowitsch als Sponsor kräje?

OVERATH: Enä, außerdäm heiss dä Abramowitsch. Mir müssen üvver die Träänerpositzion schwaade.

GLOWACZ: Wieso? Mir han doch dä Krisstoff!

OVERATH: Dä is dat Problem, wenn er uns nit langsam säät, wat er nächste Session maache will, sehn mer janz schön alt us …

MEIER: Ich hatte ja ein Treffen mit Christoph, er spielt allerdings weiter auf Zeit und will sich nicht äußern. Sein Anwalt, Dr. Seitz, sieht das ja auch so.

ENGELS: Ach, der bliev schon bei uns. Is doch sing Herzensanjelejenheit!

OVERATH: Esu langsam jerät dat eher zur Schmerzensanjelejenheit! Jedenfalls mööte mir endlich wisse, woran mer sin. Sons laach widder janz Kölle üvver uss, wenn dä Krisstoff sich durch de Koot määt un wir keine Trääner für die nächste Session han.

ENGELS: Scheff, bis net bang. Zur Not maache isch noch ens dä Trääner. Isch han jenau dat rischtije „Lodern" dafür in de Auren …

OVERATH: Dann laach ävver sojar janz Deutschland üvver uns, Steff. Verjiss dat …

MEIER: Nun denn, es bestehen ja bereits auch lose Kontakte zu Falko Götz, Jürgen Klopp und Bruno Labbadia. Das könnte man ja intensivieren …

OVERATH: … und däm Krisstoff damit Füür unger de Fott maache …

MEIER: Na ja, Wolfgang. So ein richtiges Druckmittel fehlt uns eigentlich.

ENGELS: Mir könnte däm Krisstoff drohe, dat sing Stadion-Huhzick anulliert weed. Schließlich hät dä jenau in dä Zick wejen dä Schiedsrichter-Beschimpfung eijentlisch Stadion-Innenraumverbot jehatt.

GLOWACZ: Pooah, Steff, Du Fuchs!

OVERATH: Ich werde eher fuchsteufelswild, wenn ich esu ene Driss hüre. Ich will richtije Vorschläje han.

GLOWACZ: Mer könnte dä Kloppo doch ens aanroofe, um ihn datt alles he schmackhaff ze maache. Mer müsse dä beeindrucke …

MEIER: Warum sollte Jürgen Klopp vom FC beeindruckt sein?

OVERATH: Ich ruf dä persönlich aan. Schließlich bin ich ene Weltmeister!

GLOWACZ: Dat könnt fluppe.

ENGELS: Bestimmp!

Meier schreibt eine Handy-Nummer auf einen Zettel und reicht diesen seinem Präsidenten.

MEIER: Hier, versuch es bitte einmal. Ich bin sehr gespannt, wie erbaut er darüber sein wird.

OVERATH: (während er wählt) Sei nit esu nejativ, Mischel. Mer müssen jross denke. Dä Kloppo kann doch froh sin, dat mir dä üvverhaup anroofe!

ENGELS: Jenau, schließlich is dä Muurinnjoo ooch noch ze han …

In diesem Moment meldet sich Klopp …

KLOPP: Jürgen Klopp. Guten Tag!?

OVERATH: Tach Kloppo. He is dä Wolfjank Ovverath! Jung, wie jeht et Dir?

KLOPP: Ganz gut soweit, Herr Overath. Was kann ich für Sie tun?

OVERATH: Alle restliche Spille verliere … wor bloss Spaß, Kloppo. Im Ernst, mer jeben Dir die Schongs Deines Lebens. Du darfs nächste Session beim FC Trääner weede un wööts sojar e bissje Jeld daür krije. Na, wat sääste …?

KLOPP: (irritiert) Ich bin ehrlich gesagt sprachlos …

OVERATH: Ich weiß, esu en Anjebot kritt mer nit alle Nas lang … ich kann Ding Rührung verstonn.

KLOPP: Hmmm, ich möchte nicht missverstanden werden. Der FC ist sicher ein, … ähh …interessanter Verein. Aaaber, Sie haben doch noch einen Trainer! Außerdem, wer garantiert, dass der FC nächstes Jahr erstklassig spielt?

OVERATH: Die Lija is ejaal, Kloppo. Dat Stadion is och esu immer voll. Außerdäm jitt et bei uns dä bessere Karneval, Alaaf statt Helau, Halven Hahn statt Handkäs mit Mussik. Ach ja, 10 Freikaate für uns Karnevalssitzung im Sartory wären och inbejriffen. Da kütt mer söns nit draan.

KLOPP: (leicht ironisch) Das sind natürlich Totschlag-Argumente …

OVERATH: Sach isch doch. Außerdäm steijen mer suwieso op.

KLOPP: Was macht Sie denn da so sicher?

OVERATH: Minge Fitze, dä Jürjen Jlowatsch säät, er hätt dat im Urin, da konnte mir uns bisher immer dropp verlasse.

KLOPP: (leicht zögernd) Also, Herr Overath. Ihr Angebot ehrt mich zwar. Jedoch möchte ich jetzt nichts dazu sagen. Ich habe Vertrag in Mainz und will mit diesem Verein aufsteigen. Alles andere wird man sehen. Ich danke nochmals und werde mich gegebenenfalls melden. Also, auf Wiederhören (legt auf).

OVERATH: Hah, dä han mer im Sack, dä iss uns sicher!

MEIER: Was hat er denn genau gesagt?

OVERATH: Wusst zunächs nit wat er saren sollt, hat de Trone in de Aure stonn jehabt. Ming Arjumente han ihn dann umjehauen un er muss dat erst ens verdaue. Er rööf uns aan, sobaal singe emotionale Zustand dat widder zoläss.

In diesem Moment klopft es an der Tür und kurz danach betritt Christoph Daum das Büro.

OVERATH: Ahh, Krisstoff. Joot, dat de küss. Mer müsse ens Tacheles schwaade. Wie süht dat nu us, määste bei uns wigger?

DAUM: Wolfgang! Du kennst MEINEN Vertrag, Du hast ihn selbst mit MIR und Dr. Seitz ausgehandelt. ICH sehe aaabsolut keinen Grund zur Eile. ICH brauche Zeit, um zu MIR zu finden.

GLOWACZ: Hässte kein Navvi im Auto? Dä Hahnwald mööts Du doch och esu finge?

DAUM: Lieber Jürgen! Der FC ist zwar MEINE Herzensangelegenheit, jedoch muss ICH auch an meine Karriere denken. Das hat also nichts mit meiner Heimfahrt zu tun.

OVERATH: Schön un juut, Krisstoff. Du muss ävver nit denken, mer hätten kein Alternativen. Mer wööde jo jern mit Dir wigger ärbigge, ävver …

DAUM: Wo du gerade Alternativen erwähnst. ICH werde nun tatsächlich gen Hahnwald fahren. Angelika hat MICH angesimst, ICH muss Angebote sichten. ICH lasse es euch wissen, sobald ICH MICH entschieden habe. Das wird aber noch dauern. Einen schönen Tag also noch!

Daum lässt die Herren stehen und verlässt das Büro!

GLOWACZ: Anjebote sichten?

OVERATH: Nix Schlimmes! Dat sin esu Offerten wie von dä Nationalmannschaff von Tschetschenien oder esujet. Jet Öntliches kütt do sicher nit. ALSO: Stratejie lautet wie folscht: Dä Krisstoff weed sich sicher für uns entscheide. Falls nit, han mer dä Kloppo jo allt zo Nüngzisch Prozent sicher. Wenn dä Krisstoff uns wigger hinhaale deit, kann dä jonn. Dann rofe mir dä Abramowitsch aan. Dä kann uns dann die sibbe Milljone Abfindung für dä Krisstoff bezahle. Mit däm werden mer schon irjendwie einisch.

MEIER: (mit leichter Ironie) Fein! Ich bin scheinbar nur von echten Strategen umgeben.

OVERATH: Nur kein Neid, Mischel. Wenn Du joot zojehüürt häss, wie man dat alles menetscht, dann liehrste dat vielleich och noch. Soooo, jetz maache mer en Paus, ich han en Hüngersche, lossen mer uns in de Jaststätte jonn un ene halve Hahn esse. Oder doch leever Himmel un Ääd?

Hier endet das Protokoll vom 12.03.2008. Wie man erkennen kann, haben die Herren die Lage völlig unter Kontrolle. Wirklich beeindruckend, wie man mit eventuell aufkommenden Krisensituationen bereits im Vorfeld, einfühlsam und behutsam umgeht. Das ist großes Management!

11

Was erlaube Daum ?

Am 14.03.2008 explodierte Christoph Daum! Während der Pressekonferenz konnte der Trainer seine Emotionen bezüglich der Vorwürfe der Presse Richtung seiner Vertragssituation nicht mehr zurückhalten und faltete die Journalisten erst einmal richtig zusammen. Glücklicherweise konnte ich festhalten, was sich ca. eine Stunde danach im Meeting abspielte.

OVERATH: Miiitiiiing !!! Ävver flöck!!

GLOWACZ: Schkumme ...

ENGELS: Schbinalltdoo ...

MEIER: Ja, Wolfgang. Wir müssen reden. Kein Zweifel!

Overath schaut seine Leute an, er wirkt angespannt und angriffslustig, jedoch auch ein wenig ratlos. Er setzt an …

OVERATH: Kann mer einer von Üch saren, wat dä Driss vom Krisstoff evvens sollt? Mir is vür Schreck de Kaffeetass us de Finger jerötsch …

GLOWACZ: Eja, Schlimm Scheff …. Unn? Jov et Flecke …?

ENGELS: Kaffeeflecke kritt mer erus, kei Thema ... mer muss nur dat rischtije Wäschmittel han, also isch empfehle bei esujet …

OVERATH: STEFF!!! Wat soll dä blöde Verzäll, Do Zebingemännsche. Mer sin doch he nit op´m Werbekanal. Mer han janz andere Probleme … und dä Kaffeefleck jeht mer an de Fott vorbei …

GLOWACZ: Die Kaffeetass is Dir op de Fott jefalle? Wie jeht dat dann?

ENGELS: Janz einfach, die Kaffeetass wor bovven, … in dä Hand! Un die Fott is … bei mir jedenfalls, wigger unge … dat is doch die natürliche Fallrichtung, odder?

OVERATH: Steff!!! Ich zeich Dir jleich die natürliche Fallrichtung us mingem Büro … wenn Du us däm Finster avstürzt.

GLOWACZ: Scheff, wo Du jerad Fenster sääs, mir is hück morjen och ming Windows avjestürzt. Dat wor och blöd, also …

Meier unterbricht …

MEIER: Ihr habt echt Sorgen. Was soll ich denn sagen, ich saß ja direkt neben Christoph, als er losgelegt hat. Ich habe ja noch versucht zu relativieren, aber …

ENGELS: … op allen Vieren?

GLOWACZ: Ja, wo Du dat jrad sääs, Mischel. Isch han ja jetz die Fernsehaufzeichnung von däm wat Du jesaat häss jesehen. Un während Du jesproche häss, hät dä Krisstoff esu komische Verrenkunge jemaat. Dat soh en bissje esu us, wie us enem Luis des Funnes-Film.

MEIER: Der heißt Louis de Funès, Jürgen!

ENGELS: Quatsch, misch hätt dat eher an Stadler & Waldorf erinnert, die Opas us dä Mappet-Show …

OVERATH: Davon avjesehn, dat ihr bloss Keu schwaade deit … dat hat wirklich jet komisch usjesin. Als wenn dä Juckpulver im Sakko jejabt hät. Ävver dat is jetz nit Thema. Wat wollt dä Krisstoff bezwecke … un kutt mer jetz bloß nit mit Kaffee-Flecke …

GLOWACZ: Dat reimt sich …

ENGELS: (stolz) Also, … ISCH, Ühre Scheffskaut, han en Theorie.

MEIER: Danke! Zur Kenntnis genommen. Was denkst Du Jürgen?

GLOWACZ: Ähhhhh, isch muss noch en bissje analüüsiere …

OVERATH: Dann analüüsier ens, dunn Dir ävver nit wih dabei. Steff, Du biss draan. Ding Theorie, isch will se ävver nur hüre, wenn se jot is un nix mit Kaffee ze dun hät. Klar?

ENGELS: Also, dä Krisstoff will sich doch he in Kölle en Denkmal setze … Tja, dafür jit et mehrere Möschlischkeiten, die eetste is … OPZESTEIJE!!!

GLOWACZ: Dat han schon Lienen, Funkel un Stevens jeschaff. Die Denkmöler von denne kenn isch ja nit? Stonn die in Mondörp?

ENGELS: Enä, jedenfalls so wie isch dat weiß. Die Möschlichkiet scheidet aus. Zweite Möschlischkeit: Er mööt ene Tittel jewinne. Dat jeht esu flöck ävver och nit. Un da isser op die 3. Möschlischkeit, de „italienische Method" jekumme …

GLOWACZ: Meinste provoziere, enhooke, sich falle losse un kriesche?

ENGELS: Nee, nit DIE Stratejie. Dä Krisstoff is nämlisch ab hück dä „Krisstofferus Daumatoni". Dä hät dä Trappatoni nohjemaat. Er hät doch jesaat, er mööt ooch an sich denke. So vill Tittel kannste nämlisch janit jewinne, wie esu en Red enschlare deit … Dä Trappatoni weed hück noch wejen der Pressekonferenz von damols für vill Jeld für de Werbung angaschiert, Joghurt-Werbung, Kaffee-Werbung …

OVERATH: Nix Kaffee, Steff …

ENGELS: Jut Scheff. Ävver dä Krisstoff kann doch jetz mit dä Red für ALLES Werbung maache, er hätt jet von 40 Jrad Fieber jeschwaad, dofür köme Fieber-Tablette in Betracht.

GLOWACZ: Jenau! Un als dä nevve däm Mischel esu erömjehampelt is, künnt mer für jet mit Blasenschwäche werbe … dat so jenau esu us …

ENGELS: Do kütt en Stimm über dä Filmausschnitt, dä künnt sich esu aanhüre: "Willste nit zur Toilette renne, janz flink, mach et wie Krisstoff, nimm Jranufink!"

GLOWACZ: Waat, wat hät er noch verzällt. Ah ja: „Ich han dä Club mit minge eijene Häng opjebaut." Da wöre bestimmp manche Baumärkte interessiert. Da jitt et doch esu ene Spruch: „Et jitt immer jet ze dun …"

OVERATH: Kokolores! Jungens. Maach ja sin, dat dä Krisstoff sich noch ens widder e bissje für die Medien darstelle wollt. Wat mir nit jefällt, is wie dä sich als ene „ärme Jung", der von mir erpresst weed, darstelle deid. Ich will doch bloss wisse, wo mer draan sin. Is dat zu vill verlangt?

MEIER: Nun ja, er hat nun mal diesen Vertrag …

OVERATH: Wer hät dä eijentlisch verbroche, DU, … Mischel?

MEIER: Das waren wir ja wohl alle!

ENGELS: Isch bin Scheffskaut, isch bin dafür esujet nit zoständisch!

GLOWACZ: Isch als Fitze-Prässident och nit …

OVERATH: Un isch als Prässident schon ens ja nit … wat han isch mit däm Taresjeschäff ze dunn?

Schweigen … alle blicken auf Meier!

MEIER: Mooooooment! Was soll denn das bitte heißen?

Glowacz und Engels klatschen sich ab … und rufen gemeinsam:

GLOWACZ/ENGELS: Mir han ene NUBBEL!!! Hurraaaa …

OVERATH: Nu seid ens still … dat mit däm Vertrach künne mer ja jetz nit mieh ändere. Ävver kann et vielleich sin, dat dä Krisstoff mir ene Vorwurf maache wollt, von wejen keiner wör op singer Sick?

GLOWACZ: Dat han isch nit esu verstande. Dä wollt doch nur die Dschornaliste an enem Ring in de Nas durch de Presseraum führe.

ENGELS: Jenau, hät och jeklapp, die han geluurt wie Firkel ob de Schlachtbank.

GLOWACZ: Is och doof, dat mer he in Kölle kein Zeidung han, die NUR possitiv üver dä FC schrieve deit. Da künnt mer doch vill Jeld mit verdeene.

MEIER: Hmm, für die positven Nachrichten würde aber schon so ein gelbes Post-it, also ein Haftie vollkommen ausreichen.

ENGELS: Und dat däät och nur eenmol im Monat erscheine.

MEIER: Einmal im Quartal!

OVERATH: Jungs, jetz is et joot! Ich denke och, dä Krisstoff hät bestimmp all die Artikel üvver die 10 Jahre alte Trappatoni-Red jelesse. Da hätt dä jedaach: Wat ene MAESTRO kann, kann ene MESSIAS schon lang. Da hät er dann nur en bissje Theater jemaat …

MEIER: Bauerntheater …

ENGELS: Wat meinste denn jetz damit, Mischel?

OVERATH: Hät nix mit Mondorf ze dun, Steff! … Eso Jungens, dann hätten mer dat jetz jeklärt. Dann dät isch jetz sare, mer jonn in uns Jaststätte jet schnabuliere un vielleich ein … oder zwei Kölsch süffele. Wer is dafür …?

Alle zeigen auf, auch wenn sich Meiers Finger etwas zögerlich gen Himmel streckt.

OVERATH: Wunderbar, dat is Jeschlossenheit im Management. Esu kriejen mer alle Probleme jestemmt. Da künne die Presseheinis schrieve, wat se wolle. Also, ab an de Thek … STEFF, en Leed für dä Weet!!!

ENGELS: Mir kumme mit allemann vorbei, hurra, hurra
Mir kumme mit allemann vorbei, hurra, hurra
Mir kumme mit däm Scheff vorbei, dä lädt uns jetz zum drinke ein
Und dann jeht et loss, denn mir kumme mit allemann …

Die Aufnahme bricht ab. Damit endet dieser Bericht über Daums Wutrede, die die Herren nach gewohnt objektiver und fachmännischer Analyse erstaunlich gelassen hinnehmen. Warum Probleme erzeugen, wo keine sind? Auch so kann man einen Verein führen. Nachahmenswert!

12

Wo ist die Gladbacher Fahne?

Köln und Mönchengladbach fiebern dem Spiel der beiden Erzrivalen entgegen. Auch abseits des Platzes werden schon einige „Schlachten" geschlagen. Im Hinspiel sorgte ein Foto im EXPRESS von zwei Mönchengladbacher Spielern und Kölns Nachwuchstrainer Dirk Lottner in einer Kölner Disco für Gesprächsstoff. Diesmal war zuvor die Fahne, das Heiligtum der Gladbacher Ultra-Fans, entwendet worden. Angeblich von Kölner Fans. Dank meiner Beobachtungen erfährt die Welt nun, was sich wirklich hinter den Kulissen abspielte.

OVERATH: Miiitiiing!!!

GLOWACZ: Allt widder ärbigge?

ENGELS: Wat stört Disch draan, Jürjen? Hässte Stress?

MEIER: Das wäre ja das erste Mal!

GLOWACZ: Ming „erstes Mal" jeht Disch janix aan, Mischel.

OVERATH: Jetzt jebt mal Ruhe! Isch wollt mit Üsch noch ens üvver dat Spill in Offenbach schwaade. Dat wor ja wohl Klasse …

GLOWACZ: Weltklasse!!!

ENGELS: Dat wor echt ne runde Sache …

MEIER: Rund? Also Kreisklasse, …

OVERATH: Is dat westfälischer Mutterwitz, Mischel? Ich laache morjen ens drübber. Ävver zurück zum Offenbach-Spill. Weltklasse wor et natürlich nit, mer han ja bei unserem jlorreichen 3:1-Siesch och en Jejentor kassiert.

MEIER: Stimmt, schon unser Ex-Trainer Stevens sagte ja immer: „Die Null muss stehen!"

Kurzer Moment Pause, Overath schaut in die Runde und meint:

OVERATH: Jetz bin isch ävver froh, dat keiner von üsch opjestande is! Von wejen, die Null muss stonn. … tjaaaa, wo wore mer jetz eijentlich stonn jeblivve?

ENGELS: Mir sitze doch noch all, Scheff!?

OVERATH: Du nit, Du steihst jetz ens op!

ENGELS: Scheff, ävver isch bin doch kein „Null" … da mööte dä Mischel und dä Jürjen ävver och opstonn!

OVERATH: Von wejen „drei mol Null is Null, bliev Null"? … Spaß beiseite, dat mein isch doch janitt, Du Hänneschen. Isch han ene Auftrach für Disch.

ENGELS: (atmet auf … und steht auf) : Ach sooo, Scheff. Ene Kranz Kölsch besorje …

OVERATH: Enää, Du solls dä Lottner holle. Mit däm han mer jet ze kläre wejen dä Fahn!

GLOWACZ: Lotte hätt en Fahn? Am fröhe Morje?

OVERATH: Enää, die Fahn von dä Jlattbacher Ultra-Fans.

GLOWACZ: Ah su … die han bestimmp en Fahn vom Suffe!

OVERATH: Doof Nuss. DIE Fahne der Jlattbacher Fans, die jeklaut woode is. Isch sach Üch jetz wat: Die is beim Lottner in singem Spind jefunge worde. Dat han isch bisher für misch behaale. Dat müsse mer ävver jetz bespresche, wie mir us dä Nummer erus komme.

MEIER: Ich bin entsetzt! SO etwas hätte ich ihm nicht zugetraut!

ENGELS: Isch schon, dä Lotte, dä kann so wat! Dä kütt jo us der Südstadt. Also jut, dann jank isch dä ens holle.

Engels verlässt den Raum … in diesem Moment klingelt das Telefon:

OVERATH: Schon jut Jürjen, isch jank selvs raan … Ovverath!

KÖNIGS: Guten Tag, Frau Overath! Hier spricht Rolf Königs, der Präsident von Borussia Mönchengladbach. Ich hätte gerne Ihren Mann gesprochen.

Overath läuft rot an, Zornfalten bilden sich auf seiner Stirn …

OVERATH: Isch bin et selvs, HERR KOLLEJE KÖNISCH …

KÖNIGS: Oh, das tut mir leid, Herr Overath. Ich dachte … aber egal. Ich will gleich zur Sache kommen. Es geht um die Fahne unserer Fans …

OVERATH: Han mer nix mit ze dunn.

KÖNIGS: Nun ja, da sind mir andere Informationen zu Ohren gekommen. Angeblich soll die Fahne von Herrn Lottner höchstselbst entwendet worden sein. Ist es nicht so?

OVERATH: Isch weiß von nix, Herr Könisch. Dat sin Jerüschte, ene Beweis habt ihr nit.

KÖNIGS: Vielleicht sollten wir Ihnen das Foto zukommen lassen, welches mir vorliegt. Unsere Fahne liegt dort eindeutig in dem Spind von Herrn Lottner. Tja, dies Foto könnten wir ja nun dem Express vorlegen, es sei denn, Ihre Spieler Novakovic und Helmes fallen am Montag einem Darmvirus zum Opfer. Wir verstehen uns doch, oder?

OVERATH: Ähhhh … isch muss da ens drüvver nohdenke. Isch roof zurück, Herr Könisch. Tschöö!

Overath ist auf einmal kreidebleich … er hält wortlos den Hörer in den Hand und wird auf einmal hektisch, er flüstert …

OVERATH: Ihr mööt janz still sein, dä Könisch hat dä Hörer nit rischtisch opjelaat, die künne mir jetz schwaade hüre …

Der kölsche Präsident stellt das Gespräch auf „laut", gespannt lauschen die Kölner…

KÖNIGS: … ich sage Ihnen, Herr Ziege, diesmal kriegen wir die Kölner dran. Dem Overath habe ich jetzt Daumenschrauben angelegt. Sie hätten mal hören sollen, wie der gezittert hat.

ZIEGE: Jetzt schlägt unsere Stunde! Hah, das war vielleicht eine Aktion, als ich vorgestern Abend dem Lottner die Fahne in den Spind gelegt und anschließend fotografiert habe. Es gibt nix Schöneres als „dem Feind" eins auszuwischen.

KÖNIGS: Wir waren den Kölner ja auch etwas schuldig …

ZIEGE: Stimmt! Ich habe die Aktion nicht vergessen, als wir im Hinspiel auf zwei unserer besten Leute verzichten mussten, nur weil der Lottner mit denen in einer Kölner Disco war … und den EXPRESS-Fotografen herbei zitiert hat. Schon damals habe ich mir geschworen: Zum Rückspiel gibt es die Retourkutsche!

KÖNIGS: Darauf sollten wir einen trinken, gehen Sie doch mal schauen, wo Sie ein Pils auftreiben können. Ach was, gehen wir doch beide an die Theke. Das muss gefeiert werden.

ZIEGE: Genau, aus DER Nummer kommen die nicht mehr raus …

Man hört die beiden hinausgehen … Overath wartet noch eine Weile, dann legt er auf!

OVERATH: Sooooo!!! Die Drecksäck! Die Nümaatskraade, schäbbije Buure, Provinz-Ponnies, … die han uns veraasch!!!

MEIER: Und wie? Die haben uns nun in der Hand!

GLOWACZ: Schweinepriester, Drecksbuure … us dä Ponnies maache mer am Mondaach Suurbroode, …

In diesem Moment erscheinen Engels und Lottner. Meier erklärt beiden kurz, was vorgefallen ist, dann ergreift wieder der Präsident das Wort:

OVERATH: So, jetzt wisst Ihr och Bescheid … Lotte, kannst mir eijentlich jetz ens erkläre, wieso du die janze Zick am jriemele bis, mir is net zom Laache zumute?

LOTTNER: Ach Scheff, dat ändert sich jleisch. Passt ens all op … isch verzäll Üsch jetz wat! Also, isch wor vorjestern Ovend noch an mingem Spind un han zu minger Üvveraschung die knüsselije Fahn von dä Ostholländer jefunge. In däm Moment wusst isch natürlich jenau, wat die Stund jeschlaren hätt. Dä Zieje wor ja wejen der Disco-Foto-Aktion noh däm Hinspill schwer anjepiss. Außerdämm hät mir die Putzfrau ene Typ beschrivve, der nur dä Zieje sin kutt.

GLOWACZ: Uns Putzfrau interessiert sich doch janitt für Fußball. Wie kunnt die dä Zieje erkenne?

LOTTNER: Die kannt den nit, hät ihn ävver joot beschrivve. Sing Problemzone im Jeseech un dat hä nach Buuremiss am stinke wor …

OVERATH: Dat wor er, eindeutisch! Wigger Lotte!

LOTTNER: Jut, han isch mir jedaach, dat krisste widder, minge Fründt. Han isch dann en paar Kumpel us dä Südstadt anjeroofe un die sin jestern noh Jlattbach jefahre …

ENGELS: Mutisch, hatten die Jaasmaken aan? Dat stink doch esu op däm Buurehoff …

LOTTNER: Tja, die han dann die Aktion „Ziejen-Fahne" durschjetrocke!!!

OVERATH: Ziejen-Fahne?

LOTTNER: Minge Jungens woren da und han … Momang, Scheff. Mir han jetz 11.30 Uhr … jenau JETZ mööt minge EXPRESS-Fotograf en schön Bildsche maache … mir han dä Zieje nämlisch jrad op singem Händie anjeroofe, er mööt ens an singe Ware kumme … da wör jet nit in Ordnung!

ENGELS: Isch verstonn dat all nit …

In diesem Moment ertönt ein Signal, Lottner zückt sein Handy hervor, schaut auf die Nachricht und grinst breit …

LOTTNER: Soooo, hier ist, dank Foto-Handy, schon dat Bild. Herrlich!

Er reicht das Handy an Overath weiter, der befreit auflacht!

OVERATH: Ich laach misch kapott!!! Dat is dä Waren vom Zieje, dä iss komplett in die schäbbije Fahn enjepack. Wie damols dä Reichdaach in Berlin is dä verpack … un nevvedraan stonn dä Zieje und dä Könischs mit enem saublöden Jesichtsausdruck un enem Pils in dä Hand … Herrrrrrrrlisch!!! Hahahaha …

Alle schauen sich nach und nach das Bild an und ein großes Gelächter ist die Folge … Overath aber greift zum Telefonhörer.

OVERATH: Seid ens still, isch will minge Triumph uskoste … Tuuuut tuuuut tuuuut …

Gladbachs Präsident Rolf Königs geht - wohl vor Wut etwas heiser - an den Apparat und ...

KÖNIGS: Königs?

OVERATH: Ja hallo, kleine Jung, iss dinge Pappi och ze Huss? Hier iss dä Prässident des ruhmreichen FC Kölle!!

KÖNIGS: Schon gut, Herr Overath. Ich bin es selbst. Was wollen Sie!

OVERATH: Ach, Sie sin et ... ejaal. Also isch wollt Ihnen nur saren, dä schwatze Anzooch, den se hück aan han, määt rischisch schlank. Vor allem harmoniert dat juut zur Fahn, die Sie da um dat Auto vom Zieje jewickelt han. Isch hoffe, dat Bier hät jeschmeck, och wenn er nur usselijes Pils wor ...

KÖNIGS: WAS sollen Sie, Herr Overath!

OVERATH: Ihnen jute Besserung wünschen, op däm Bild sahen Se ärch blass uss. Is bestimmp ene Maren-un-Darm-Virus. Dat jrassiert ja zur Zick. Mir is ze Ohren jekomme, da Rob Friend und dä Neuville hätt et och schwer erwisch ...

KÖNIGS: Verstehe! Sie hören von mir, ich muss jetzt erst ein Meeting abhalten. Wiederhören, Herr Overath.

OVERATH: Schad, diesmal hät er rischtisch opjelaat. So Jungs! Dat hät Spass jemaat. Lotte? Jut jemacht, Jung! Wisst Ihr ens jet wat? Mer fahre jetz in ne Kneipe. Ich laad Üsch all zu enem leckere Suurbrode vom Pääd en. Un ein, zwei Kölsch dun uns och nit wieh. Et steht jetz schon 1:0 für uns, obwohl dat Spill noch janit anjefange hät, dat fiere mer jetz. Alle Mann eruss, ... Steff? En Leed!

Engels überlegt kurz ...dann legt er los:

ENGELS:

150 Mann, un die Fahn vürre draan
Un die Mussik fängk mit dä FC-Hyme aan ...
Im Bürro von dä Pääd, sitz dä Könischs drin un säät ...

Zwo, drei ... Ziejen-Schweinerei ....
Jrööön, jröön, jröön ... finge Buure-Ponyss schööön ...

Die Herren verlassen den Saal und somit endet das Dokument. Endlich wissen wir, was es mit der entschwundenen Fahne auf sich hat.

13

Stürmt die Augs-Burg!

Nach dem großen Sieg des FC zuhause gegen Hoffenheim, träumt ganz Köln vom Aufstieg seines 1. FC Köln! In der Schaltzentrale des FC trommelt Präsident Wolfgang Overath seinen Mitarbeiterstab, Chefscout Stephan Engels, Vize Jürgen Glowacz und Manager Meier zu einem klärenden Gespräch zusammen. Man will den Sieg gegen den Mitkonkurrenten analysieren sowie die Marschrichtung für das wichtige Auswärtsspiel in Augsburg festlegen:

Tür auf, Tür zu, Wolfgang Overath kommt rein, knallt Unterlagen auf den Schreibtisch ...

OVERATH: Tach zesamme ... Miiitiiing!

ENGELS: Schkumme, Scheff ... Mann, wat han mer dä Hoffenrather dä Aasch verkamesöölt, ne?

MEIER: Das hat dem Rangnick ja überhaupt nicht gefallen, sonst hätte er ja wohl nicht von einem „Attentat" unseres Spielers Suazo schwadroniert.

GLOWACZ: Blöder Spruch. Bei uns wör dä bei so wat wejen Inkontinenz entlasse woode, nit wahr, Scheff?

MEIER: Ähem, Du meintest sicher Inkompetenz ... den Begriff den Du verwendet hast, hat eher etwas mit „Blasenschwäche" zu tun ...

ENGELS: Wo du jerad Blasenschwäche sachst, Mischel. Op däm Wääch noh Mondörp bin isch jestern von dä Polizei anjehaale woode un moot wejen enem Alkoholtest och blose.

GLOWACZ: Unn?

ENGELS: (stolz) Minge Wert wor 0,0 Promille ...

OVERATH: Dann wor et eher ene Intellijenztest ...

GLOWACZ: Für dä Steff ävver ene jute Wert!

MEIER: Respekt!

ENGELS: Wie meint Ihr dat all?

OVERATH: Jungs, wat soll dä blöde Verzäll? Mir spille nachher in Augsbursch. Dat kölsche Sommermärchen muss wigger jonn, deshalb will ich en Viertelstund vor däm Spill noch en flammende Red vür dä Mannschaff haale.

GLOWACZ: Wat willste dann verzälle?

OVERATH: Dat die Schönspielerei wie jejen Hoffenbersch jetz ophüürt. Hück jäje Augsbursch will isch Üsch Mannschaff ens aggressiv sin. Un Du, Suazo … isch will noher dä Zahn vom Thurk han … un en Büschel Hoore von däm. Hück weede keine Jefangene jemaat. … Wie findet Ihr dat?

MEIER: Nun ja, etwas „Old school"–mäßig.

GLOWACZ: Die Lattek-Nummer … könnt ävver fluppe …

ENGELS: Ävver wer en Jelbe Kaat sieht, kritt schwer Ärjer …

OVERATH: Ach Steff, da kannste doch ens en Aure zodrücke ….

Bewegung im Raum, dann schreit Glowacz auf …

GLOWACZ: Steff, dun Ding Knüsselsfingere us mingem Jeseesch, dä Scheff hät dat mit däm Aure doch ja nit wörtlich jemeint …

OVERATH: Isch werd och noch sare: "Jungens, Aure um Aure, Zahn um Zahn … stürmt die Augs-Bursch und brennt se nieder". Na, ist dat Motivation …?

ALLE: Jenial, Scheff !!

OVERATH: Isch weiß, … so, jenuch Stress für hück … jetz jeht dä Steff, bevor mer noh Augsbursch fahre, ene Kranz Kölsch holle. Hatt ärbigge määt Doosch …

Und wieder hat man ein Problem mit Sachverstand und Kompetenz gelöst … in der Schaltzentrale des 1.FC Köln … neulich … im Geißbockheim!

14

Express Live-Ticker – Die Wahrheit dahinter

Der 1.FC Köln hatte es tatsächlich geschafft und war wieder aufgestiegen. Der 21. Mai 2008 wurde dann ein weiterer, großer Tag für den Kölner Fußball, jedoch auch für den Journalismus in dieser Stadt. Christoph Daums Entscheidung, bleibt er beim 1.FC Köln oder nicht, wurde von Express-Reportern via Live Ticker dokumentiert. Über eine Millionen Menschen nahmen bei EXPRESS-Online an diesem Ereignis teil. Der Ticker wurde KULT!

Was niemand wußte: Auch die Begebenheiten HINTER den Kulissen wurden von mir dokumentiert. Zunächst aber zum Original Live-Ticker. Dieser beginnt wie folgt:

EXPRESS Live-Ticker (Original): 9:37 Uhr. Daums Anwalt Dr. Stefan Seitz fährt an der Villa im Hahnwald vor.

Was hinter den Kulissen geschah? Meine Dokumentation verrät es:

DAUM: (schaut durchs Fenster) Angelica, der Stefan kommt schon. Dann sollten wir uns langsam überlegen, ob wir in Köln bleiben oder nicht.

ANGELICA DAUM: Hattest Du in Istanbul nicht schon zugesagt?

DAUM: Vorgestern schon. Gestern aber noch nicht.

Währenddessen warten die tapferen Express-Reporter weiter. Doch plötzlich kommt Bewegung in die Sache ... der Original Ticker vermeldet:

EXPRESS Live-Ticker (Original): 10:15 Uhr. Daums Ehefrau Angelica bringt den wartenden Journalisten Kaffee und Hanuta.

Wie kam es zu dieser „Fütterung". Lesen Sie selbst:

DAUM: (schaut durchs Fenster) Aha, die Reporter bauen ihr Basislager auf.

ANGELICA DAUM: (seufzt) Nie hat man seine Ruhe.

DAUM: Positiv denken! Es ist nur korrekt, dass man die Wichtigkeit MEINER Entscheidungsfindung honoriert. Die Öffentlichkeit hat ein aabsolutes Recht über solche Ereignisse informiert zu werden.

ANGELICA DAUM: Du hast Recht, Christoph.

DAUM: ICH weiß! Wir sollten die Leute auch ein wenig versorgen. Angelica, in der roten Kanne ist doch noch Kaffee, oder?

ANGELICA DAUM: Aber Christoph, der ist von vorgestern …

DAUM: Egal. Tu ihn in die Mikrowelle … dann geht das schon. Außerdem haben wir doch sicher noch etwas Süßkram.

ANGELICA DAUM: Es sind noch Reste vom Karnevalszug 2005 da … die Sachen, die die Kinder nicht essen wollten. Hanuta und so´n Zeug.

DAUM: Das passt schon. Bring denen das, dann sind wir den alten Kram endlich los …

ANGELICA DAUM: … und die Jungs da draußen freuen sich … (strahlt) hmmm, vielleicht singe ich ja noch eine Arie aus „My fair Lady" um …

DAUM: Wir wollen nicht übertreiben. Schone Deine Musical-Stimme, außerdem haben die sicher Radios dabei.

… und weiter geht es im Ticker-Text. Der nächste Vorgang …

EXPRESS Live-Ticker (Original): 11:00 Uhr. Eine genervte Nachbarin entfernt das Plakat des FC-Fan-Klubs „Wilde Horde" mit den Worten: „Meine Hecke geht kaputt" und stopft das Plakat in die Mülltonne.

Wie wird Christoph MESSIAS Daum auf diese Aktion reagieren?

DAUM: (laut) Das DARF doch aaaaabsolut nicht wahr sein. Was erlaubt DIE sich. MEINE Fans huldigen mir, das sollte man aaaabsolut respektieren …

DR. SEITZ: Wir sollten im nächsten Vertrag diesbezüglich eine Klausel einbauen, die es verbietet, Liebesbekundungen der Fans, zu entfernen. So etwas muss der Verein verhindern, ansonsten … (grübelt) Vertragsstrafe …. Hmmm … 1 Millionen … Ja!

DAUM: ICH muss mir nun doch überlegen, ob ICH in so einer Stadt bleiben will … hmmm … das ist eine Unverschämtheit Hoch10!

Während im Inneren der Hahnwald-Villa weiter über den Verbleib nachgedacht wird, passiert folgendes:

EXPRESS Live-Ticker (Original): 13 Uhr. Co-Trainer Roland Koch schlägt im Hahnwald auf.

DAUM: (erfreut) Da kommt ja endlich der Roland, dann können Stefan (Seitz) und ich ja endlich nen Skat mit ihm kloppen.

ANGELICA DAUM: Was mache ich denn in der Zeit, Christoph?

DAUM: Öhhhhm … Du könntest in der Zeit ja an einer Dankesrede an die Fans schreiben. Aber lass das Ende offen, da ich ja noch nicht weiß ob ich bleibe oder nicht.

ROLAND KOCH: Wann wirst Du es wissen, Christoph?

DAUM: Weißt Du, Roland … ich bekomme heute noch einen Vertrag eines türkischen Spitzenvereins angeboten. Das dauert noch etwas, … ist auch ganz geheim. So lange spielen wir halt Skat … SO, … wer gibt?

Während die Herren sich dem Skat-Spiel widmen und Frau Daum an der Rede feilt, warten die Journalisten. Dies dokumentieren die Express-Mitarbeiter wie folgt:

EXPRESS Live-Ticker (Original): 13:47 Uhr. Die Vorhänge an der Eingangs-Tür der Daum-Villa werden zugezogen.

EXPRESS Live-Ticker (Original): 14:40 Uhr. Stille im Hahnwald.

Wirklich Stille ? Wir hören noch einmal kurz rein …

DAUM: 18?

SEITZ: 20 …

ROLAND KOCH: Scheiße … Weg!

*Wir überspringen ein paar Skatstunden, viele Zigaretten und so manchen
Emotionsausbruch nach verlorener Runde. Der Ticker meldet plötzlich:*

EXPRESS Live-Ticker (Original): 17:51 Uhr. Gerade ist ein Bote auf einem
Fahrrad vorbeigeradelt ...

EXPRESS Live-Ticker (Original): 17:54 Uhr ... Der Mann wirft einen
Pizza-Zettel in den Briefkasten.

Nun entsteht in der Villa Bewegung ...

DAUM: Ahhh, DAS war „unser Mann" mit dem Vertragsentwurf ...

ROLAND KOCH: Als Pizza-Bote getarnt ...???

DAUM: Klar! Türkische Pizza ...!

ROLAND KOCH: Lecker!!!

DAUM: Angelica, geh doch mal den Briefkasten leeren. Aber erst nach einer
zweiten Ration Kaffee für die Journalisten. Der Rest von heute morgen muss
auch noch weg.

*Zwei Minuten später wird das Dokument von Dr. Stefan Seitz und Christoph Daum
studiert. Nachdem beide es gelesen haben, kommt es zu folgendem – historischen –
Dialog!*

SEITZ: Hmmm ... die Summe stimmt, die von uns geforderten
„Nebenleistungen" wie Villa, Dienstpersonal, morgendliche Choralgesängen
zum Wachwerden usw. usw. sind alle bewilligt worden. Christoph, es gibt
eigentlich keinen Grund, es NICHT zu machen, oder?

DAUM: Hmmmm .... Eigentlich nicht, Stefan, aaaaber ...

SEITZ: Was denn Christoph?

DAUM: (verärgert) Die Sache von heute morgen geht MIR aaaabsolut nicht
aus dem Kopf. Das war eine Unverschämtheit Hoch 10 von der Nachbarin,
das schöne Plakat abzuhängen und zu zerstören. Dies nagt an mir ...

SEITZ: (Völlig verwundert und entgeistert) Ist das denn so wichtig?

DAUM: Natürlich! Was denkst Du denn? ICH will alle überzeugen, erst recht diese Skeptiker. Das wird nun aaabsolut MEINE Motivation sein. Ich hole den Podolski wieder, wenn wir DEN nicht kriegen, dann andere Stars! ICH werde den FC nach oben bringen. Dann wird die es NIE WIEDER wagen, meine MIR zustehenden Huldigungen zu entfernen. Im Gegenteil, sie wird ein eigenes Plakat entwerfen!

ROLAND KOCH: Auch eine Motivationsgrundlage …

DAUM: Gut, das wäre geklärt. Wir rufen jetzt den Overath an und sagen Bescheid. Danach fahren wir ins Geißbockheim und verkünden MEINE Entscheidung. Aber zuvor schauen wir noch das Champions-League-Finale. Vielleicht sind da ja Spieler für uns dabei!

ANGELICA DAUM: Hier, Deine Rede. Ich bin aber noch nicht ganz fertig, Christoph ….

DAUM: Nicht schlimm, Angelica. ICH improvisiere etwas … ich denke an einen Auftritt eines ehemaligen Politikers … lasst Euch überraschen, wie ICH die Menschen gewinnen werde … also Leute, her mit dem Telefon und danach auf ins Geißbockheim …

Auch die Express-Redakteure sind zeitgleich nicht untätig …

EXPRESS Live-Ticker (Original): 17:59 Uhr. Das Festnetz-Telefon im Büro von Wolfgang Overath ist besetzt, der FC-Präsident ist also noch in Siegburg.

EXPRESS Live-Ticker (Original): 18:07 Uhr. Daum, Koch und Anwalt Dr. Stefan Seitz verlassen die Villa und fahren zum Geißbockheim …

Hier endet mein Bericht. Weder im Auto, noch im Geißbockheim hatte ich die Möglichkeit, weiter zu dokumentieren. Die EXPRESS-Redakteure jedoch haben weiter berichtet, spät am Abend hieß es dort:

EXPRESS Live-Ticker (Original): 23:06 Uhr. Wie bei Genscher in Prag 1989! Daum tritt vor das Geißbockheim und erklärt: ICH BLEIBE!

Großer Jubel bei den FC-Fans in aller Welt. Christoph Daum bleibt (damals) beim 1.FC Köln. Sie wissen nun auch, wie es dazu gekommen war!

15

Dä Petit kütt noh Kölle

Der 1.FC Köln verpflichtete mit dem Portugiesen Petit einen echten KRACHER für die neue Saison 2008/2009. Hier das Dokument des Informanten, kurz nach dem feststehenden Transfer:

OVERATH: Miitiiing!!

DAUM: ICH bin schon da, Wolfgang!

GLOWACZ: Isch kumme …

ENGELS: Leever nit, Jürjen … (feixt)

OVERATH: Aahl Sau … eso Jungens. Jetz sin mer die Könije von Kölle. Dat dä Pättiiie zu uns kütt määt uns zu Helden. Und ä Mischel hätt endlisch ens jezeisch, dat hä bei uns menetsche jeliert hät!

GLOWACZ: Dat wurd ja och Zick!

DAUM: Das hat er – mit MEINER entscheidenden Hilfe natürlich – schon recht gut gemacht. Wenn ICH jetzt noch einen Stürmer bekomme …

OVERATH: Dafür bruch mer Jeld, Krisstoff. Darüber müsse mer och mit däm Mischel schwaade. Wo is dä Kääl eijentlisch … ejal. Wenn er jleich erin kütt, dann empfange mer ihn jebührend, … wie eben jeübt. OK?

Die Tür öffnet sich und Michael Meier betritt mit stolzem Schritt und gelassener Mine den Raum …

OVERATH: Da isser … Los, alle Mann singen …

ALLE: (… zur Melodie von „God save the Queen", englische Hymne)

„Mischel, wir danken Dir,
für diesen Sechser hier,
für den Pättiiie …

Wenn noch ne Stüüürmer kütt,
dä viele Tore tritt, …
Mischel, dann danken wir,
Dir mit viel Bier …

MEIER: Ähem … das ist mir ja schon fast ein wenig peinlich. Trotzdem
Danke! Nun, was einen neuen Stürmer angeht … nun ja. So langsam werden
unsere finanziellen Mittel knapp.

ENGELS: (stöhnt) Bruchen mer denn allt widder Jeld. Is schon alles fott,
wirklich alles?

MEIER: Nein Steff (gereizt ironisch). Das Geld ist nicht weg. Das gehört
jetzt nur jemand anderen … aber lassen wir das, zurück zur Thematik. Wir
sollten vielleicht noch einmal Herrn Michael Schumacher verbal penetrieren.

OVERATH: Mischel, … ich weiß ja, dat dä vill Jeld an de Fööss hätt. Ävver
dä will mer zu vill he erin quatsche. Mer han doch – noh däm Spill in Ooche
- schon Jespräche jehabt. Jürjen, wat wollt dä alles han, weißte et noch?

GLOWACZ: Eetstens wollt er selver mitspille … mit Stammplatzjarantie!

ENGELS: Na jut, schlechter als ene Mitreski kann er och nit sin.

GLOWACZ: Dann wollt dä noch die Spielereinkäuf mit entscheide …

ENGELS: Na jut, schlechter als dä Mischel …

MEIER: Bitte???

ENGELS: … isch meine, dat jeht natürlisch ja nitt! Wat bildet dä sich ein?

OVERATH: Dat is ja dat wat ich mein, dä kann janz joot un flöck im Kreis
eröm fahre. Ävver Karusselsche fahre für jroße Jungs is dann doch jet
anderes als dat knallharte Profi-Fußball-Jeschäff. Un damit hooke mer dat
Thema eets ens avv un schwaade über die Aktualität.

MEIER: Gut! Darüber rede ich natürlich gerne (strahlt selbstzufrieden).
Wollt Ihr wissen, wie es mir gelungen ist, Petit nach Köln …

OVERATH: Später Mischel, später. Eets freut et misch, dat mer jetz in Lija 1
rischtisch konkurrenzfähisch sin. Die Wolfsburjer werden dat im eetste Spill
ze spüre kräje.

DAUM: Wolfgang, ICH sehe das ja auch sehr positiv, aber vergiss nicht, dass der VFL Wolfsburg sich gigantisch verstärkt hat. Mit den VW-Millionen im Hintergrund ja auch kein Wunder.

OVERATH: Du weiss janz jenau, dat misch dat wöödisch määt, jejen solche Plastikclubs zu verlieren. WOLFSBURCH … also ech … Die han mer fröher im Pyjama un Badeschlappe eso schwindelich jespillt, dat die anschließend …

ENGELS/GLOWACZ: (zusammen) … drei Daach Kreislaufprobleme hatten …

OVERATH: Stimmp! Un mit unser neuen Supper-Truppe mischen mer jetz die Lija op, steije nit ab und lande wigger vorne als alle denken. Ne andere Alternative kütt ja nit in Frare!

ENGELS: Stimmp Scheff! Mer weede nur janz selten verliere. Minge „Herr Völler" weed dat zo spüre bekomme.

OVERATH: Wie, „Herr Völler"?

ENGELS: Han isch Euch dat nit verzallt? Ming Frau hät von dä Nachbarin ene Hungk jeschenk kräje. Dä Name ist entstande als mer jesinn han, dat dä die jleische Frisur wie dä Ruddi Völler hät.

GLOWACZ: Dat ärme Dier!

ENGELS: Von wejen, ärm Dier. Dä bellt misch immer esu aggressiv aan, vor allem wenn dä FC verloore hät.

GLOWACZ: Dat dät isch mir nit jefalle losse …

ENGELS: Dunn isch och nit. Immer wenn dä FC verloore hät, kritt dat Biess ene Tritt. Dä määt dann immer ene Salto …

GLOWACZ: Ech? Vörwärts odder rückwärts?

ENGELS: Kütt dropp aan, wo isch ihn treff …

GLOWACZ: Steff, jerad DU mööts doch eijentlich ene Tierfreund sin? Wieso määste dat dann?

ENGELS: Wor doch nur Spaß … maach isch doch janit. Ävver wie meinste dat jetz, warum muss jrad isch ene Tierfreund sin?

GLOWACZ: Weil dä Scheff Disch doch allt oft zur Sau jemaat hat …

ENGELS: Willste mir damit etwa saren, dat ich ene vollkommene Blödmann bin?

OVERATH: Bild Dir bloss nix een, Steff. Vollkommen is keiner …

GLOWACZ: Isch hät et nit schöner sare künne.

OVERATH: Ja, is jut jetz. Lasst dä Steff in Ruh, der soll sich lieber ene andere Hungk besorje. Da lob ich mir unseren neue Hennes, dä meckert nit.

ENGELS: Hennes der Achte iss do. Dat dä voher Berti hiess, dürfe mer ävver eijentlisch keinem verzälle. Ävver unsere Krisstoff wor jo ooch ens bei BAYER …

DAUM: Willst Du MIR damit irgendetwas sagen, Stephan?

ENGELS: Enää, Krisstoff. Wie küsste denn dadropp? Du bis doch unser bestes Pääd im Stall …

OVERATH: Ävver och nur, weil er den meisten Mist määt …

Stille. Daum ringt nach Worten …

DAUM: Also, ICH … ICH … ICH …

OVERATH: (lacht) Schon jut, Krisstoff! Dat war doch nur Spaß, Aufstieschsträäner. Ich wollt Dich nur jet zänke. Lass Dich nit esu us dä Reserve locke …

DAUM: Ähhh … Locke? Auch Dich, Wolfgang, möchte ICH bitten, die HAARE aus dem Spiel zu lassen.

OVERATH: Schon jut, Krisstoff. Bliev jeschmeidisch. So, un nu feiere mer unsere phantastasche Transfer. Dat jeht am beste mit ein paar kühlen Blonden.

GLOWACZ: Ooooch, … schöööööön!

OVERATH: Nit dat wat Du denks, Du schönen Fifi. STEFF … holl ens ene Kranz Kölsch! Mer drinke op die neue Session mit Pättiiie un all den anderen Wunderknaben!

ENGELS: Schmachmisch op de Wääch, Scheff!

Engels verlässt singend (zur Melodie von „Yellow Submarine") die heiligen Hallen …

ENGELS:

Mir drinke Kölsch, als jöv et bal keins mieh …
Probleme kriejen mer nie …
Mir han ja dä Pättiiie
Drum jank isch un holl ne volle Kranz …
Zu fiere voll un janz … (langsam leiser werdend)

OVERATH: Dä Steff weed mit singer Singerei immer internationaler. Jetz singk er schon Beatles-Lieder.

In diesem Moment ertönt ein Handy, man erkennt das Lied: „Mir drinke us eener Flesch, mer bezahle us eener Täsch …", unverkennbar das Handy des Vizepräsidenten. Der meldet sich:

GLOWACZ: Jürgen Glo …watt? Ach Du bis et, Schnuckel … wat is? Ja, ich frach dä Scheff, bliev ens draan (drückt auf Wartemusik). Scheff? Dat is ming Frau, die will mit mir Klamotte enkoofe fahre. Kann isch zwei Stunde fröher Schluss maache?

OVERATH: Du häss se wohl nit mieh all, Du Tünnes. Kütt janit in de Tüt´ …

GLOWACZ: (strahlt) Danke Wullefjank. Isch wusste ja, dat Du misch nit in Stich lässt. (drückt wieder auf „Gesprächsfortsetzung"). Schnuckel? Du, … et deit däm Scheff ärch leid. Ävver er kann in däm wischtije Miitiing nit op misch verzichte. Ja, deit mir och leid, … später ens. Tschöö Schnuckel, mer müsse Schluss maache, jetz kütt dä wischtischste Programmpunkt. Tschööö ….

Der Kölschkranz tritt genau in diesem Moment mit Engels in Erscheinung.

ENGELS: KÖÖÖÖÖLSCH – Taaaiim!!!

MEIER: Kölsch-Time? Steff wird wirklich international. Na dann wollen wir uns mal dem wichtigsten Programmpunkt widmen.

OVERATH: Jenau, also … PROSSt ZESAMME …

ALLE: PROSSt, SCHEFF!!!

OVERATH: Ach Jungens. ERSTE LIJA! Hach, da weed mir janz nostalgisch um et Hetz. Han ich Üch allt verzallt, wie mer fröher esu Mannschafte wie die Bremer im Trääningsanzoch vom Platz gefääsch han?

MEIER: (erschrocken) Ja. Eigentlich schon.

OVERATH: „Eigentlich" is en Einschränkung. Also, dann hört ens joot zo. Dat wor esu …

Leider brach die Aufnahme hier ab. Vielleicht können wir die wichtigen Infos des Präsidenten ja ein anderes Mal protokollieren.

16

Hoeneß, Overath und die Geheimwaffe

Aus technischen Gründen konnte ich erst zum Ende der Hinrunde in Liga 1 wieder in meine Berichterstattung aus dem Geißbockheim einsteigen. Der FC hatte sich bis dahin recht gut gehalten, hatte jedoch viermal in Folge verloren. Die Runde setzte sich nach dem Spiel zusammen um über die aktuelle Lage, aber auch um über den eventuellen Transfer von Lukas Podolski zurück zum 1.FC Köln zu diskutieren. Schließlich hatte man den Bayern bereits ein erstes Angebot übermittelt.

Overath, sein Vize Jürgen Glowacz, Manager Meier und Chefscout Stephan Engels diskutieren also über Podolski, Hoeneß, „tierische" Gesangsunterstützung und einem Ass im Ärmel. Wir horchen hinein …

OVERATH: Miiiiitiiiing!!!

ENGELS: Schkumme, Scheff … Mann, war dat doof jäje dä HSV. Jetz han mer allt vier mol hingernander verlore. Dat nimmt inflagranti-Ausmaße aan …

MEIER: Du meinst „inflationäre" Ausmaße …

DAUM: Also … die Niederlagen gegen diese vier guten Mannschaften hatte ICH befürchtet, … wir sind eben zu schwach bestückt!

ENGELS: (empört) Für misch jilt dat ävver nit, isch han wäje minge „kleine Steff" noch keine Klaren jehört!

Allgemeines Gestöhne …

MEIER: Ähemm, Steff. Es ging um den Kader, der nach Christophs Meinung einfach nicht genug Qualität besitzt.

ENGELS: Für die Mannschaff kann isch nit spresche, … isch dusch ja nit mit denne …

MEIER: (ziemlich genervt) Ich gebe es auf, lass es Dir von jemand anderen erklären …

Das Telefon klingelt … Overath nimmt ab …

OVERATH: Ovverath??

HOENESS: Hoeneß hier! Lass uns gar nicht lange drum herum reden. Euer Angebot für Podolski war ein Witz!

OVERATH: Schön, Uli .. dat mir Dir en Freud maache kunnte … Laache is jesund!

HOENESS: Wolfgang, ihr Kölner geht mir auf die Nerven. Mittlerweile stehen hier beim Training immer mindestens sechs Kölner auf dem Gelände rum und beschallen unsere Mannschaft mit „Viva Colonia"-Gesängen. Ich halte das bald nicht mehr aus, das muss aufhören …

OVERATH: Verstonn isch. Jute Mussik seid Ihr nit jewöhnt, und at noch für lau. Dann trecke mer „de Höhner" halt widder von ührem Trainingszentrum av …

HOENESS: (ungeduldig) Lass uns von Eurem unsäglichen Angebot sprechen, Wolfgang!

OVERATH: Wat willste eijentlisch? Dat Anjebot wor klasse. Sibbe Milljonen Euro is vill Jeld, dazu die kostenlose Mitfahrt von ührer Mannschaff im kölsche Rusemondaachszuch. Dat is quasi unbezahlbar, … ävver weil Du et bis, Uli ,… pack isch jetz noch 10 Freikaate für de „Stunksitzung" mit dropp … LEBENSLANG!!!

HOENESS: Ach Gott, Wolfgang … ich glaube, ich beende das Gespräch jetzt. So kommen wir ja nicht weiter. Servus! (legt auf)

DAUM: Was sagt er, wann bekomme ICH endlich den Podolski?

OVERATH: Kann nit mieh lang duure, Krisstoff. Dä Uli han mer dank der „Höhner" baal weichjeklopp … Dann künne mir dann telefonisch uns „Jeheimwaffe" für dat Bayern-Trääning bestelle.

MEIER: Du willst wirklich …???

ENGELS: Die ärme Bayern …

DAUM: Das hätte selbst ICH mich nicht getraut …

OVERATH: Schwaad nit lang, die Bayern sin et selvs schuld. Hätten dat Anjeboot jo tirecktemang annemme künne … jetz spille mer halt uns „Ass im Ärmel" us, … (wählt … Telefon klingelt) … Hallo? … Ovverath vom FC Kölle! Ähhhh … Wie besprochen würde mir Sie jerne für ein paar Open-Air-Auftritte in München buchen … Ja, dat volle Programm, … auch alle Mottolieder … Frau Nikuta!

An dieser Stelle bricht die Aufnahme ab. Mit Marie-Luise Nikutas Mithilfe sollten die Verhandlungen rund um den Podolski-Transfer zügiger voranschreiten. Der Präsident beweist einmal mehr, dass er ein großer Stratege ist!

17

Overath, Beckenbauer und der Nikolaus

In der Chefetage des 1.FC Köln sitzen Präsident Overath, sein Vize Jürgen Glowacz, Manager Meier und Chefscout Stephan Engels zusammen und diskutieren gutgelaunt – man hatte das letzte Hinrundenspiel mit 2:1 beim VFL Bochum gewonnen - über die Weihnachtsfeier.

OVERATH: ... Miiiiitiiiing!!!

GLOWACZ: Dat hürt ja nie op ... immer nur ärbigge, ärbigge, ärbigge ...

OVERATH: Et jeht um uns Weihnachtsfeier, Do Hännesche ...

GLOWACZ: Wolfjank, da künne mer natürlisch jerne drüvver schwaade. Han isch nit e doll Abendprojramm jebucht?

OVERATH: Na ja, Jürjen ... isch denk, nächtes Johr losse mer dat leever dä Mischel maache ... dat mit dä Stripperin, die us der Tochte gehöpp kom, war nit esu weihnachtlich ...

ENGELS: Die hät ävver immerhin noch en Nikolauskostüm anjehat ...

MEIER: Zu Beginn schon, am Schluss aber nur noch die Mütze. Skandalös!

ENGELS: ... wor doch nit schlimm, Mischel. Mer hatten jut jeheizt im Jeissbockheim ...

GLOWACZ: Jenau Steff, die hät sich schon nit verkühlt! ... Üvvrijens, an die bin isch janz jünstisch ranjekumme ...

ENGELS: Über Ebay???

GLOWACZ: Enäää, dat is ene entfernte Cousine von mingem Jung. Die is eijentlisch Tippse bei nem BMW-Händler un söök ene neue Dschobb bei ...

In diesem Moment klingelt das Telefon

OVERATH: Ovverath?

BECKENBAUER: Ja …. Servus Wolfgang! Ehhh … hier is … ehh der Franz! Wir woar denn so Eure Weihnachsfeier?

OVERATH: Alles supper, leeven Franz. Mer hatten ja dä Siesch in Bochum un die 22 Punkte noh dä Hinrunde ze fiere. Dä Calmund hät uns de Hoor vom Kopp jefresse, dä Jürjen hät um 3.00 Uhr morjens mim Steff Rumba jetanz … und uns Sekretärinnen saßen zur Sicherheit anjekettet an enem Extra-Tisch.

BECKENBAUER: Joooah, gute Idee, … Ehh Wolfgang. Des sollten wir bei Bayern im nächsten Joahr auch so … ehhh …. moachen. Dann lässt misch meine Heidi auch wieder do -…. ehh … hingehen!

OVERATH: Ach jo, Du moots jo zehuss blieve, Du ärme Düvel … Tja, so is dat. Lichtjestalt hin, Lichtjestalt her …

BECKENBAUER: Joooah … ehh … Hehe. Woas anderes. Wie mochen wir des nun mit dem Poldi?

OVERATH: Mer nehmen noch Weihnachstjeschenke aan, leeven Franz!

BECKENBAUER: Na, … das geht nicht. Wolfgang! Ihr müsstet schon noch woas auf Euer Angebot drauflegen … sonst ehhh … kann ich da nichts moachen …

OVERATH: Franz, weil Du et biss. Isch han bei uns Weihnachtsfeier en supper neu Sekretärin für Üch entdeck. Hat dä Jürjen jescoutet. Hät sojar Erfahrung mit bayrischen Arbeitjebern …

BECKENBAUER: Joaaah, ehhh … Sekretärin? Wie ist … Wolfgang, … ehhh … hehe … wie ist die denn so?

OVERATH: Hatte zu Bejinn en eher konservativ-relijöses Kostüm aan … späder eher luftisch jekleidet. Willste ens die Fottos sinn? Dä Steff hät die mit singer Dijital-Kamera wie jeck jeknips …

BECKENBAUER: Klingt net schlecht … aber die Fotos musst Du meiner Heidi per Email senden ehhh … aber soag, des i des autorisiert hob … un das i einverstoanden bin, des die mei neue Privatsekretärin wird.

OVERATH: Kanns mir vertraue, Franz! Isch han die janz jenau studiere künne … die pass zu Dir!

BECKENBAUER: Des is guat, Wolfgang. Des erhöht eure Schangsen auf den Poldi. I wird a guates Woart beim Uli einlegen. Danke Wolfgang … und Servus! (legt auf) …

MEIER: Was war denn, Wolfgang? Kann der Franz uns helfen?

OVERATH: Unn wie der dat kann Mischel. Der muss sojar … Jedenfalls dann, wenn dä Steff die Bildscher von dem Nackedei däm Franz singer Heidi zujemailt hät. Dann hann mer die Bayern im Jriff … und dat mit däm Poldi is jeritzt!

ENGELS: Supper Scheff, Du biss jeniaaal!

GLOWACZ: Ach watt jenial, ene Präsidenten-Jott!!

OVERATH: Ich weiß! So … dat jon mer natürlich fiere. Un wisst Ihr och wo? … Loss … singt et!

ALLE: Der schööönste Platz ist immer an der Theeeeke ….

Hier bricht die Aufnahme ab. Bewundernswert, wie der Präsident die Situation einmal mehr gemeistert hat. Der FC ist nach der Hinrunde nicht nur in der Tabelle auf einem guten Weg. Das Präsidium und die leitenden Mitarbeiter stellen bereits jetzt die Weichen für eine glorreiche FC-Zukunft im Jahre 2009!

18

Neulich in Belek

In der Lounge des Hotels im türkischen Belek, wo der 1.FC Köln sein Trainingslager abhält, wurde ein spontanes Treffen der Vereinführung belauscht. Die Herren Overath, sein Vize Jürgen Glowacz, Manager Michael Meier und Chefscout Stephan Engels besprechen die Situation rund um die Verhandlungen bezüglich des Podolski-Transfers. Wir horchen mal hinein …

OVERATH: Miiitiiing …

GLOWACZ: Wieso, han mer allt Happy Hour?

OVERATH: Von wejen Happy Hour, Jürjen! Du deis als Fitze mal widder dat Miitiing protokolliere … mir müsse alles opschrieve, dat mir nit durcheinander kumme …

GLOWACZ: Oooch, dat iss immer esu anstrengend …

OVERATH: (streng) Jüüüüüürjeeeeeen …????

GLOWACZ: Ähhh, klar Scheff! Mach isch jern, … wo iss dann minge Kurelschriever?? Ahhh, do …

MEIER: Ähem … ich bin ein wenig in Eile Wolfgang, ich soll ja den Uli Hoeneß wegen des Podolski-Deals zurückrufen …

OVERATH: Daröm drieht dat Miiiting sich ja och, Mischel. Wie süht et däm beim Poldi us?

ENGELS: (zeigt auf und schnippt mit den Fingern) Dat weiß isch, Scheff. ALSO … dä hätt en Bild vom Kölner Dom, von de Höhner und vom FC-Stadion in singer Wohnung hänge … außerdem …

OVERATH: Darum jing et nit, … isch mein, wat denn nu mit däm Transfer iss, du Tüte Nüsse!

GLOWACZ: Ähh, jehören die Nüsse vom Steff och zum Protokoll, Scheff?

Telefon klingelt (Handy)

MEIER: Meier, Guten Tag …. Ahhhh, … kaum redet man von Uli Hoeneß, schon ruft er an …. Ja …. Aha …. Ja …. Soso …. Hmmm … OK, wir werden sehen …. Nun gut … dann bis später (legt auf).

GLOWACZ: Wat wor Mischel, wat säät dä Hoeneß?

MEIER: Tja Jürgen. Wir nähern uns langsam an. Aber Podolski soll ab sofort in Köln Werbung für ein bestimmtes Weißbier machen, … damit hier auch Kultur Einzug hält. Man verspricht sich davon einen neuen Markt und …

OVERATH: Waaaatttt …. ?? Dä is wohl beklopp! Na waat aff, dä roof isch jetz aan … jivv ens dat Händie … esu … bin allt am wähle …………………….. Ahhh, Uli? … Hür ens zo. Weißbier han mer nitt, bruche mer nitt, fott damit! Mer drinke in Kölle kein bayrisches Jebräu. Kannste verjessen. Esu verhandele mir nit! Tschööö !!! (legt auf) … Sooo, dem hab isch ett aber jejeben, däm ahle Weißwurstfresser …

GLOWACZ: Ähhh, Weißwurst mit scharfem S … ???

ENGELS: Enäää, mit süßem Senf …

MEIER: Äh, was sagte der Uli denn zu Deinen … ähhh … Argumenten ….

GLOWACZ: Alimenten … hannisch …

OVERATH: Jürjen, nur die wichtijen Sachen opschrieve … Mischel, dä kunnt nix sare, dä han isch mit minger Verhandlungstaktik nu widder op dä Boddem dä Tatsachen runter jeholt.

GLOWACZ: … Runter jeholt, … hannisch …

MEIER: Aber Wolfgang …

OVERATH: Nix da, die Bayern han ner nun lang jenuch mit Jlasseehandschühsche anjepack …

GLOWACZ: Auwieh, dat Wocht allt widder. Wie schriev mer denn datt?

ALLE: Schnauze, … JÜRGEN!!!!!

OVERATH: Alles janz einfach. Du rööfs dä Uli jetz widder an un dann holle mer jetz unser nächstes Ass um däm Ärmel … (Engels entfernt sich wortlos) Ähhh, Steff, wo jehste hin?

ENGELS: En Kaatespill holle, … Du bruchs doch en Ass. Wie wär et mit Karo-Ass. Oder häste eins do?

OVERATH: Doof Nuss! Jetz steh nit eröm wie Pik-Sieben. Jank leever en paar Flesche Kölsch holle, die han mer ja nit ümesöns extra us Kölle mitjenomme.

ENGELS: Is klar, Scheff. Mach isch … (verlässt die Lounge …)

MEIER: Nun, mit welchem Totschlag-Argument wolltest Du denn bei den Bayern nun punkten, Wolfgang?

OVERATH: Woher soll isch dat wissen? Du bis doch dä Manager und machst dat Taresjeschäft!

Engels erscheint zurück in der Lounge …

ENGELS: Köööööölsch zesamme ….

ALLE: Ahhhhhhhhhhh ….

MEIER: Bevor wir das Kölsch … ähem … konsumieren: Wie könnte man die Situation mit Hoeneß regeln, lieber Wolfgang?

OVERATH: War jo klar, … dat isch dat widder rejeln muss. (seufzt) Wenn ihr misch nit hättet … Also, nu passt ens op! Isch roof dä Uli noch ens aan (wählt …) …. Ahhh, leeven Uli, … du bis mir ja nit bös, wejen eben, ne?

(Undeutliches Gemurmel …)

… dann isset ja juut. Uli …. Isch han en Problem. Mir han ja bei Eurem letzten Spill he in Kölle ding Hotelrechnung bezahlt. Jetz hät dä Hotel-Manager die Rechnung mitsamt der Liste von dingem Pay-Tivi-Anschluss versehentlich an dä WDR und dä Express jeschickt.

(Undeutliches, geschocktes & lautes Gemurmel)

Eja, et is alles protokolliert worden, wat Du jeluurt häss …. räsch dich nit op Uli. Isch werd dat für Disch rejeln … wird zwar nit einfach, ävver isch maache dat schon …

(Undeutliches, erleichtertes Gemurmel)

… Eja, is juut Uli, bruchs nit Danke ze saren. Is doch Ehrensache unter Weltmeister-Kollejen … Ähm, wo mer jrad esu nett am plaudern sin. Wie war dat jetz mit däm Poldi? Da sinn mer doch jetz klar, odder …???

(Kurzes Gemurmel, KLICK … Tüt, tüt. Tüt …)

Dä, … da hat er aufjelescht. Ävver so wie dat klang, sin mer jetz quasi durch.

MEIER: Was war denn das für eine Pay-TV-Liste?

OVERATH: Weiß isch nit, isch hann eijentlisch nur jeblöff. Ävver isch kenn doch mingen Uli …

ENGELS: Na dann maache mer doch ens die Fläsche opp … PLÖPP … PLÖPP … PLÖPP … PLÖPP … un dann fiere mer jetz dä Podolski-Transfer, steht ja jetzt quasi fest.

PROSS ZESAMME …

GLOWACZ: … Zesamme … Hannisch …

Hier endet der heimliche Mitschnitt aus dem Hotel im Trainingslager Belek! Ist der 1.FC Köln nun im Vorteil? Wir warten besser ab, wie die Entwicklung weitergeht!

19

Wie bezahlen wir Poldi?

In der Chefetage des 1.FC Köln sitzen Präsident Overath, sein Vize Jürgen Glowacz. Manager Meier und Chefscout Stephan Engels zusammen und diskutieren über die bald beginnende Rückrunde, den Podolski-Transfer und sonstige Themen. Wir horchen hinein:

OVERATH: ... Miiiiitiiiing!!!

GLOWACZ: Jott sei Dank Scheff, endlich widder Miiting, bin isch froh, dat die Winterpaus baal ze Engk iss.

MEIER: Ähhh … Warum denn, Jürgen?

GLOWACZ: Isch weiß nit mieh, wat isch mit minger Frau noch schwaade soll. Mir jeht dä Stoff uss …

ENGELS: Dat kenn isch …

GLOWACZ: Deswäje wor isch jestern op ener Herrensitzung. Nur als isch noh Huss koom, iss ming Frau wach jewoode un hätt tüchtisch mit mir jeschannt … ich wär ze laut jewesen. Dabei sin eijentlich nur ming Schoh ömjefalle …

MEIER: Umgefallene Schuhe verursachen doch eigentlich keinen großen Krach?

GLOWACZ: Na ja, isch wor ja noch in dä Schoh drinne als die ömjefalle sinn … die Erdanziehungskraft, Ihr versteht …

ALLE: BESTENS!

OVERATH: OK, Jürjen. Lass uns mit däm Miitiing aanfange, Steff?? Jank ens ene Kranz Kölsch holle …

ENGELS: Mach isch … (singt zur Melodie von „Mir losse dr Dom in Kölle")

Mir Jecke vom EffCeee Kööööölle …
im Jeißbockheim he drin …
mir drinke Kölsch us Kräääänze …
nur dat määt rischtisch Sinn (langsam leiser werdend) …

GLOWACZ: Ähm, ja … Stimmp jo, mer müsse ja noch op dä Poldi-Tranfer aanstosse … da sin mer ja wäje däm janze Stress noch nit ze jekomme …

MEIER: Stimmt! War stressig bei Dir, Du hattest ja noch mit den Folgen der Herrensitzung zu kämpfen …

OVERATH: Ruhe! Mir müsse uns zunäächs noch jet üvverläje, nämlisch wie mir dat restlische Jeld für dä Poldi zesamme kräje. Noch han mer die 10 Milljone ja nit zesamme. Na, wer hat dann en Idee von üsch??

GLOWACZ: Ähhh, also …. Tja …

MEIER: Öööhm, hmmmm, nun ja …

Engels erscheint, in Begleitung des Kölsch-Kranzes, im Türrahmen!

ENGELS: (laut) Kölsch süffele für dä Poldiiiiii …

ALLE: Aaaahhhhhhhhhhh

OVERATH: Her damit, eets ens PROSSt zesamme …

Gläserklirren ….

ALLE: PROSSt Scheff …

OVERATH: Ahh, lecker … hürens Steff. Du häss jerad jet Bier verschüttet. Pass op, wenn Du Kölsch verschüttest, is dat quasi Alkoholmissbrauch …

MEIER: Ähh, … um noch einmal auf das Problem mit der Finanzierungslücke zurückzukommen, Wolfgang …

OVERATH: Mer maache jo die tolle Party mit dä Fäns. Da künne mer ja dat Kölsch fuffzisch Cent dürer maache als normal …

ENGELS: Au ja, „Suffe für Poldi" nenne mir die Aktion … ming Verwandte un baal janz Mondörp kütt ja och an däm Daach. Da kütt öntlisch jet zesamme …

Telefon klingelt … Glowacz wartet Overaths Nicken ab und geht ran …

GLOWACZ: Jürgen Glowacz, Vizepräsident des 1.FC Köln??? …. Eja … eja … Interessant … Ach …. Nette Idee … Eja …. Eja …. Klingt jut … Nachdenkenswert … Na jut. Mir dunn uns melde … bis dann. Tschööö! (legt auf)

MEIER: Was war denn, Jürgen?

GLOWACZ: Stellt Üsch vür … dat wor dat hiesije Eros-Center. Die han uns anjeboten, dat für jeden … ähhh … ja … „Besucher" ihrer Einrichtung ene bestimmte Betrach für dä Poldi opjeschlare werde künnt, den mir dann kriejen …

MEIER: Unglaublich! Wie würden denn da wohl Deine Mondorfer abschneiden, Steff?

ENGELS: Is doch ne nette Idee. Anstatt „Suffe für Poldi" heiss dat dann „Pop ….

OVERATH: Ruuuuuuuuuuuuuuhe!! Esujet maache mer natürlisch nit. Mir blieve seriös, is dat klar?

GLOWACZ: Häss Rääch, Scheff. Dann spresche mer leever widder ens mim Kardinal Meisner. Mer künne ja „Käätze für Poldi" opstelle losse. Dä Erlös jeht dann an uns …

OVERATH: Enää. Mit dä Kirch ärbigge mer leever nit zesamme …

ENGELS: Stimmp, mer wollte ja seriös blieve …

OVERATH: Quatsch, dat määt mer nit und deswäje losse mer dat sein. Soooo, … jetz müsse mer uns langsam üvverläje, wie mer die Wolfsburjer am Samsdaach us däm Stadion scheeße.

GLOWACZ: Jetz wo mir uns Hallenturnier UND dä Wintercup in däm Dörp an dr Düssel jewonne han, sin mer als Winter-Double-Jewinner ja eijentlich och autorisiert …

MEIER: Du meinst favorisiert!

OVERATH: Wie auch immer! Auf jeden Fall wird Wolfsbursch am Samstach pulversiert! Us dä Volkswaren-Trupp määt uns Mannschaff ene Dreirädscher-Konvoi …

ENGELS: Supper-Einstellung, Scheff. Ach, Du bis un blievs ja doch ming jroßes Vorbild …

OVERATH: Leever nit, Steff. VorBILDER sin och Bilder und die deit mer ophange …

ENGELS: Wirklisch Scheff. Ohne Disch wär isch bestimmp anstatt Fußballer ene Elektriker in Mondörp jeworden.

GLOWACZ: Jut, dat Du Fußballer jeworden bis. Als Elektriker stehste morjens unger Hochspannung op, jehst mit Widerstand zur Arbeit, schwimms dä janze Daach jäje dä Strom, küss jeladen noh Huss un wenn Du dann noch abends die Dos´ anpacks, krisste och noch ene jewisch …

MEIER: Interessante Abhandlung, lieber Jürgen. Was hat dies aber mit unserem Spiel am Samstag gegen den VFL Wolfsburg zu tun?

OVERATH: Eijentlich nix Mischel, ävver trotzdem hätt misch dä Jürjen – unjewollt - op en Idee jebracht. Mer maache en Ko-Opperatzion mit enem Enerjieversorjer. Als Jeseech dä Kampanje nämme mer dä Steff, dä als Elektriker däm Poldi die Stromleitunge vermesse deit … Dazu kütt dann dä Slogan: „Enerjie vom FC, so jünstisch wie nie, dafür stonn bei uns, dä Steff un Poldiii"

ALLE: SUPPER, Scheff. Jenial! (Stimmegewirr) Ene Fuchs, unsere Präses .. ene Fissionär … ein Präsident mit Weitblick … (langsam leiser werdend)

Hier bricht die Aufnahme ab. Wie man hören kann, ist der 1.FC Köln für die Rückrunde bestens gerüstet. Wolfsburg kann kommen!

Waldschlösschen

Die Wohlfühl-Kneipe in Hürth-Berrenrath

Monatlich wechselnde Events z.B. Oldie Night, Karaoke Party, Night Fever Party, Oktoberfest, Halloween Party, uvm.

Des weiteren empfehlen wir uns für:

- · *Hochzeitsfeier*
- · *Geburtstagsfeier*
- · *Tauffeier*
- · *Kommunionsfeier*
- · *Jubiläen*
- · *Weihnachtsfeier*
- · *Familienfeier*
- · *Beerdigungskaffee*

Öffnungszeiten

Dienstag - Donnerstag   16 - 24 Uhr
Freitag und Samstag   16 - 3 Uhr
Sonn- und Feiertage   16 - 24 Uhr
Montag   Ruhetag

„Der FC-Stammtisch"
mit Ralf Friedrichs, Matthias Scherz
und Till Quitmann (WDR) am 22. Juni 2009

Inh. Nina & Anita Bürgel · Ursfelder Straße 33 · 50354 Hürth · Tel. 02233/9858239

121

20

Promille, Prozente & ein Rätsel

Erneut sitzen die Verantwortlichen des 1.FC Köln zusammen, um über die Finanzierung des Podolski-Deals, die Verhandlungen mit den Bayern und über sonstige Themen zu diskutieren. Dieses Thema überlagert sogar den aktuellen Spieltag (der FC spielte 0:0 gegen den KSC). Wir horchen in das Meeting des Präsidenten Overath, seinem Vize Glowacz und Manager Meier hinein:

OVERATH: ……. Miiitiiing!

GLOWACZ: (erschrocken) Poooah, muss dat immer esu laut sin? Da fallen mir ja die Plomben us dä Muul …

OVERATH: Wär besser, wenn Du de Muul haale würds, denn

a) dann falle ding Plomben nit erus,   b) rüsch et he besser,
c) et ist Ruhe he im Raum   un d) isch kann mit däm Miitiing

tirecktemang aafange …

MEIER: Ähemm, das hört sich ja an wie bei „Wer wird Millionär" …

OVERATH: Wo wir jrad bei Millionen sin … jitt et jet Neues bei dä Poldi-Finanzierung, Mischel?

MEIER: Nicht direkt, nur dass Steff angedeutet hat, dass er heute diesbezüglich unterwegs ist. Er will sich zwischendurch auch telefonisch melden, hat er gesagt.

Telefon klingelt …

GLOWACZ: Ah, dat weed dä sinn, na watt af … (meldet sich) … Steff!! Du Fijuur … wo bis Du fuule Sack? Wer deit dann hück dä Kranz Kölsch holle, du Sabbelschnüss …

RUMMENIGGE: Ähhh … Rummenigge hier, vom FC Bayern München! Leider verstehe ich Ihre Sprache nicht … ähhh … can you give me Mr. Overath, the president …

GLOWACZ: Ähhh … momang … isch verbinge ens … ähhh … isch mein … Wann Mooment, pliies … (Hält den Hörer mit der Hand zu) ….Scheff? Dat is dat Rotbäckscher von dä Bayern … also dä Rummenickel, … dä will Disch spresche. Ävver op Englisch …

OVERATH: Watt??? Jivv her … Ovverath???

RUMMENIGGE: Ach Wolfgang, Du bist es. Hör mal, was war denn das für eine Person in Eurer Zentrale? Ich habe nichts verstanden. Klang irgendwie ordinär.

OVERATH: Ähhhh … Dat wor minge Vize-Prä … also minge Vize-Hausmeister … dä Doof jeht ab und zu unerlaubt an dat Telefon!

RUMMENIGGE: Scheint aber ein Hinterwäldler zu sein …

OVERATH: Stimmp, jestern hat er et eetste Mol dä aufrechte Jang hinbekomme. Kütt ja och us Levverkuuse … Spaß beiseite, Kalle. Wat kann isch für Disch donn?

RUMMENIGGE: Wir brauchen dringend noch die letzten Podolski-Vertragsentwürfe. Also nicht nur per Fax, sondern im Original. Du weißt schon, falls ihr den Podolski weiter verkauft, wollen wir mitverdienen.

OVERATH: Klar, Kalle. Is schon in dä Post. Kütt sicher hück noch aan …

RUMMENIGGE: Schön! … Ähhh, Wolfgang. Jetzt, wo alles schon unterschrieben ist. Wieso habt Ihr euch auf die 80 Prozent Gewinnbeteiligung für uns eingelassen? Das war schon sehr … ähh … ungewöhnlich, einige von uns lachen immer noch …

OVERATH: Waat aff, bis die Post kütt. Dann is Schluss mit lustisch …

RUMMENIGGE: (überrascht) Wieso das denn?

OVERATH: Kalle, IHR hatt immer von „Prozent" jeschwaad, isch nit … isch han nur jesaat, op die 80 künnte mer uns einije …

RUMMENIGGE: (entsetzt) … Moment … hier liegt doch Euer Fax vor (Papiergeknister) und da steht eindeutig …

OVERATH: … Achtzisch PROMILLE !!!!

RUMMENIGGE: (Hektisch) Nein, nein! Das ist doch ein Prozentzeichen, … ähhh … daneben ist ein kleiner Klecks zu sehen, lag wohl an der Übertragung …

OVERATH: Op unserem Orijinal, was Du hück kriss, steht dat Promillezeichen. Wat künne mir dafür, dat Ihr ene Flejedreck op ührem Faxjerät hatt …

RUMMENIGGE: Aber … aber …

OVERATH: Bis mir nit bös, Kalle. Ävver mer sin ja mittenmang im Miitiing. Jröss dä Uli und ä Franz von mir. Maach et joot …

RUMMENIGGE: (laut) Mome …

OVERATH: … Tschöööö-ööö … (Klonk … aufgelegt) … Haaah, na Mischel un Jürjen? Die han mer schön veraasch, däm Kalle jeht jetz öntlisch die Düs´… dä muss dat jetz däm Uli beichte … dä riess däm dä Kopp aff … hehehehe …

MEIER: War eigentlich nicht ganz fair, schließlich hat der Steff den … ähhh … „Fliegendreck" über dem Promille-Zeichen mit dem Filzstift … ähhh … manuell eingebaut.

OVERATH: Welcher Manuel?

GLOWACZ: Wor nit fair, ävver lustisch! Vor allem, dat uns die Promille-Idee noh däm vierten Kranz Kölsch jekumme is …

OVERATH: Fair! Fair … wat is schon fair? Die han uns hochgejandelt und usjequtesch wie en Zitron … selvs schuld! … Ävver, wo Du jerad Kranz Kölsch sachs … wo bliev dann dä Steff?

Telefon klingelt …

OVERATH: Ah, dat weed dä sin … (geht an den Hörer) … Steff, du Drömeldier … wo hängste rum, sitz Du widder mit Dinge Kolleje in dä Kaffebud?

JAUCH: Ähh … guten Tag, hier ist Günther Jauch! Spreche ich mit Herrn Overath?

OVERATH: Ähh … eja …

JAUCH: Also, bei mir sitzt Herr Engels, wir sind bei der 500-Euro-Frage und Sie sind der letzte Joker!

OVERATH: Um Joddes Willen …

JAUCH: (seufzt) WEM sagen Sie das, … diese Sendung wird in die „Wer wird Millionär"-Geschichte eingehen. Ihr Mitarbeiter ist äääh, sehr speziell …

OVERATH: (seufzt) Wem saren Sie dat, Herr Jauch!

JAUCH: OK, Frage kommt. … VORLESEN, Herr Engels … wenn´s geht, schnell. Sie haben nur 30 Sekunden! ZEIT LÄUFT!

ENGELS: Tach Scheff! Verdiene jerad Jeld für dä Poldi-Transfer … pass op: „Jeder ist seines Jlückes …."

      a) Zimmermann   b) Müller
      c) Schmied   d) Beckenbauer

OVERATH: Ähhhh … Zimmermann, Müller und Beckenbauer, dat wore alles Nationalspiller … ene Schmied kenn ich nit. Dann mööt dä dat sin …

ENGELS: Et künnt ävver och dä Beckenbauer sin, so viel Jlück wie dä immer jehabt hät, ne …?

OVERATH: Dann roof dä doch aan … (KLONK). Oh, da ist allt keiner mieh. Sin die drissisch Sekündscher allt öm?

MEIER: Und?

OVERATH: Dä Steff war doch tatsächlich bei „Wer wird Millionär" … dä deit wirklich alles, dat mir he zu Jeld kumme … dat muss mer ihm losse!

GLOWACZ: Op dä sisch och schon bei „Schlag den Raab" anjemeldet hät?

MEIER: DAS wäre mit Sicherheit ein Meilenstein der deutschen Fernsehgeschichte!

OVERATH: Wie och immer! Lass uns op dä Schreck eets ens jet drinke jon.

Ab an de Thek, da fiere mir dann dat mer die Bayern eren jelaat han und dat dä Steff sisch bei RTL bereichern deit ... dä Jung pack locker die Milljone!

MEIER: Aaber ...

OVERATH: Mehr Vertrauen, Mischel ... so ... un nu sacht mal, ihr Zwei. Kennt Ihr ene Nationalspiller, dä Schmied heiße deit? Also zu minger Zick wor do keine Schmied ...

Die Herren verlassen plaudernd den Saal und damit endet auch dieser Mitschnitt. Schon interessant, welche Mittel man einsetzt, um an notwendige Gelder heranzukommen. Das ist mal wieder großer Management-Sport!

21

Calli und die gelben Funken

Weiberfastnacht in Köln! In der Chefetage des 1.FC Köln bereiten sich Präsident Overath sowie seine Mitstreiter Meier, Engels und Glowacz auf das Auswärtsspiel bei Bayern München vor. Wir horchen hienein:

OVERATH: … Miiiitiiing …

GLOWACZ: Au ja, dat määt hück sicher Spaß!

MEIER: Ähem, ich habe extra für den Weiberfastnacht in Köln meine älteste Krawatte angezogen, bin also vorbereitet!

ENGELS: Alaaf zesamme! Isch maach ens de Mussik aan … und jank ene Krank Kölsch holle!

OVERATH: Nix da, mer sin ene seröse Verein un dun hück hatt ärbigge, wie die andere och!

ENGELS/MEIER/GLOWACZ: (entäuscht) : ……… Ohhhhhhhhhhhhhhhh …..

OVERATH: Wat wollt Ihr? Mer müsse doch sinn, dat wir nit widder als ene Karnevalsverein abjestempelt werde … außerdäm spille mer am Samsdaach bei Bayern Münche … da han mer anderes ze dun als „Viva Colonia" ze singe …

ENGELS: Dann singe mer dat am Samsadaach Ovend, wenn mir dat Spill bei de Bayern jewonne han.

MEIER: Dein Optimismus in Ehren, ähhh, lieber Steff … aber wie soll das denn funktionieren?

Telefon klingelt … Overath geht selbst ran …

OVERATH: Wat is denn jetz allt widder loss … Ovverath?

CALMUND: Calmund he! Tach Wolfjank, wie isset Dir?

OVERATH: Tach Calli! Mensch, Du häs Disch ja lang nit mieh jemeldet! Bis Du immer noch im Trainingslarer in Thailand?

CALMUND: Trainingslarer? Dat is eher en Jefangenenlarer. Dä Dschohi Kelly deid misch hier fesshaale, bei Wasser un Brot, isch muss he jeden Daach jogge … Hähnsche, Frikadelle, Flönz, ming jewohnte Portzion, … also en Schubkarr voll mit Fritte han isch zick Monate nit me ze sinn kräje. Isch saach et Dir, Wolfjank. Schlank weede is eijentlisch moderne Folter … letze Woch bin ich us däm Larer usjebroche, wor heimlisch in enem Feinschmecker-Lokal … da kom dä Kelly mit enem Spezialkommando … also esujet wie die GSG 9 und han misch widder festjenomme … un außerdämm …

OVERATH: Caaaaallli …. Haal ens de Luff aan! … Nu sach ens. Du häss doch, wenn ich dat rischtisch in Erinnerung hab, selvs jesaat, dat Du ene Halvmarathon mitmaache wolls? Dann quengel doch jetz nit esu röm!

CALMUND: Ach Wolfjank! Isch wollt doch nur im Bejleitwaren mitfahre … dä Kelly hät mir außerdeäm nit jesaat, dat dat Loofe esu anstrengend iss. Jetz han isch dä Salat … ach wo isch jerad Salat sach. Isch kann dat Jrönfutter nit mieh ertrare, isch …

OVERATH: Wie vill häste dann allt avjenomme, Calli?

CALMUND: Immehin allt 28 Kilo! Oder waren et 28 Pfund … isch weiß et nit esu jenau …

OVERATH: Um Joddes Wille, han se Dir de Milz entfernt, odder wat … ävver kommen mer mal auf et Thema. Wat willste eijentlisch von mir? Sollen mir Dir helfe, dat Du in die deutsche Botschaft von Thailand flüchte kanns?

CALMUND: Die Idee is janit esu schlääch, Wolfjank … ävver dat isset nit. Pass op, Wolfjank. Ihr sucht doch jetzt allt für die neue Session neu Lück, … da is mir bei enem Dorfturnier ene Thai-Jung opjefalle, dä wööd joot noh Kölle passe. Is ne Mittelfeldmann, Tüüp: Spilljestalter. Schlächt Pässe wie Du fröher, is torjefährlisch, kann loofe wie dä Dschohie Kelly … un das Beste, dä is quasi ablösefrei!

OVERATH: Wieso quasi?

CALMUND: Woljfank, dä Jung hätt en jrosse Verwandtschaft … mindestens

50 Lück! Und die wolle jern ens dä Karneval in Kölle erlevve … könntste dafür sorjen, dat die im diesjährijen Rusemoondaachszoch mitjonn? Dann krisste dä Spieler für ümmesöns. Ihr mööt nur die Kosten für Hotel un Verpflejung für die fuffzisch Mann bezahle. Un natürlich dä Hin- un Rückfluch!

OVERATH: Hür ens Calli, bis Du noch janz knusprisch? Wie soll dat dann funktioniere? Außerdäm, wat soll die Fuffzisch-Mann-Thai-Jruppe denn im Kölsche Zoch maache? Solle die da op enem Kamm bloose, odder wat?

CALMUND: Kein Angs, Wolfjank. Isch han natürlich mit denn schon jet enstudeet … wilste ens hüüre?

OVERATH: Wie? Watt? Jetz sach nit, du häss die janze Truppe all do?

CALMUND: Na klar, bei esujet maach isch keine halve Saache … So, Jungens … op drei jeht es loss. Eins, zwei un drei …   (Man hört einen Chor Asiaten siingen …)

Ihlefeld, Ladelthal, Bangkog, Poll, Esch, Pesch un Kall
Övellall jitt et Fans vom FC Kööööölllee,
In Lio, in Lom, Läbbisch, Plüm un Habbellath
Övellall jitt et Fans vom FC Kööööölllee,

Calmund wendet sich, während im Hintergrund weiter gesungen wird, wieder an Overath …

CALMUND: Na, wat sääste, Wolfjank? Die sin motiviert, ne? Dat sin üvvrijens die jelben THAI-Funken, so han mir die jenannt!

OVERATH: Isch frach misch jerad, Calli … op dat Avvnemme bei Dir Foljeschäden hingerloosse hätt, ansonsten fällt mir he baal nix mie enn …

CALMUND: Aach, Du möötst die nit nur hüren sondern och sinn! Im Momang maache se jerad Stippeföttscher. Danach kütt die Polonäääs. Die sehen echt staats uss in ihren jelben Funken-Kostüm. Ach, pass ens op Wolfjank, jetz kütt ming Lieblingsstell … (Wieder hört man die gelben Thai-Funken …)

Miiiil schwöööle dil, mil dlinke jelne köölsches Biel,
miil stonn ze dil, Efffzeeeh Kööööööööööölle

un miiiil jon im Zooooch,
Liiievkooche esse mil ooch
Halde immel nul zu diil, Efffzeeeh Köööööööööölle

Calmund wieder zu OVERATH:

CALMUND: So, dat wor die Prooob. War super, nee? So, waat av Wolfjank. (wendet sich wieder an die Thai-Funken): Funke opjepass!!! Präsentiert die Knabüüüüs …

Overath reicht dies. Er legt entsetzt auf …

OVERATH: Nee, neee. Dat hür isch mir jetz nit wigger aaan! Entsetzlisch …

MEIER: Möchtest Du drüber reden, Wolfgang?

OVERATH: Enää, will isch nit … isch steh noch unter Schock! Steff … jank ens ene Kranz Kölsch besorje … ävver spar Dir die Singerei. Isch bruch jetz en lecker Kölsch, dat mir he wiggermaache künne …

ENGELS: Mach isch, Scheff … (verlässt den Raum)

OVERATH: Worüvver wollte isch dann noch ens mit üsch schwaade? Ähhh … watt steht noch ens dies Woche op däm Terminplan, Jürjen?

GLOWACZ: Ähh, Momang Scheff, isch luur ens. Da steht: Montach, Dienstach, Mittwoch, Donn …

MEIER: Sehr witzig Jürgen. Uralter Bürowitz. Das klingt ja fast wie eine alte Managerweisheit.

GLOWACZ: Wie süüht denn so ene Managerweisheit aus, Mischel?

MEIER: Ganz einfach … wer die Übersicht verloren hat, muss wenigstens den Mut zur Entscheidung aufbringen!

OVERATH: So häste dat ja schon oft jemacht, Mischel. Is dat dat Jeheimnis Deines Erfoljes? Sooo, jetz ävver zum Thema. Noh däm Spill jäje dä KSC … wat bruch uns Mannschaff nun unbedingt um jäje die Bayern zu bestehen???? Na, wer weiß et?

131

Die Tür öffnet sich und Engels erscheint …

ENGELS: ……. Köööööööööööööölllsch!!!!

ALLE: ……AAAAAAAAhhhhhhhhhhhhhhhhh ….

OVERATH: Eets ens PROSS ZESAMME ….   (alle) Pross Scheff!!

Stimmengewirr (Ahhh Herrlisch, Schmackhaft … Klasse … Ahhhhh)

OVERATH: So, jetz fühl isch mich allt vill besser, jetz jeht et mir zum Jlöck widder rischtisch juut!   ….

Telefon klingelt … Overath meldet sich!

OVERATH: …. Ovverath?

CALMUND: Wolfjank?? Mir sinn evvens ungerbrochen worden. …. Eso jetz Ihr widder, dat zweite Leed … 1, 2, un 3 …

Man hört offensichtlich wieder die gelben Thai-Funken …

Wenns dil guuut geht, keine Angst, das geht volbei …
Wenn du willst, kann ich dil meine ganze Solgen bolgen …

An dieser Stelle bricht die Aufnahme ab. Die Versuche, sich von Vortandsseite professionell auf das Bayern-Spiel vorzubereiten, waren von kleineren Störungen begleitet. Das wird aber niemanden beim 1.FC Köln davon abhalten, sich in München professionell zu präsentieren!

22

Dä Klinsi ruft an

Am Karnevalssamstag 2009 schlug der 1.FC Köln völlig überraschend den FC Bayern München mit 2:1. Dieser Auswärts-Sieg wurde von einer ganzen Stadt frenetisch gefeiert. Auch die Herrschaften aus der Chefetage des FC waren hocherfreut. Im Aschermittwoch-Meeting wurde dieses Spiel von Präsident Overath sowie seine Mitstreitern Meier, Engels und Glowacz noch einmal aufgearbeitet. Jedoch wurde auch der Hoffenheim-Dopingskandal thematisiert, dann kam es zu einem überraschenden Anruf. Hören wir hinein:

OVERATH: … Miiiitiiing …

ENGELS: Sckkumme Scheff …

GLOWACZ: Bin allt do!

MEIER: Stehe zur Verfügung …

OVERATH: So, Jungens … isch sach et üsch. Dieser Siesch bei dä Bayern läutet ene neue Ära enn. Ab jetz luure mer nit mieh noh unge in dä Tabell, …

GLOWACZ: Rischtisch Scheff, vom immer noh unge luure kritt mer ja och en Doppelkinn von …

ENGELS: Ene Doppelkorn?

MEIER: Also, natürlich teile ich Eure Freude über den Sieg bei den Bayern, trotzdem sollten wir jetzt nicht überheblich werden, sondern uns auf das wichtige Spiel gegen Bielefeld konzentrieren.

GLOWACZ: Jenau, die drei Punkte bruche mer ja, wenn mer noch in et internationale Jeschäft wollen …

MEIER: Ich dachte eher, an die notwendigen Punkte um sich vom Tabellenende weiter abzusetzen …

ENGELS: Äh, Mischel … Eijentlisch künne mer ja nit mieh avvsteije. Isch han dat jestern nämlisch extra 10 x nachjereschnet.

MEIER: So? Dann gib mir doch bitte mal Deine zehn Ergebnisse!

(Gelächter der anderen …)

MEIER: Ach ja, Steff. Auch wenn wir heute Aschermittwoch haben, hättest Du Dir doch mal etwas mehr Körperpflege angedeihen lassen können. Man sieht ja heute noch, was Du gestern gegessen hast?

ENGELS: Wat han isch dann jestern jejesse, Mischel?

MEIER: Ich würde sagen: Pommes, rot und weiß!

ENGELS: Hah! Stimmp nit, dat han isch allt vorjestern jekimmelt …

OVERATH: Isset jetz baal joot? Jungens!!! Mir han in Münschen gewonnen. IN MÜNSCHEN … bei denne Bayern in ihrem hässlischen Schlauchboot-Stadijonn! Da han mer doch sischer besseres ze dunn, als uns he in de Hoor ze kräje!

MEIER: Zum Beispiel, die Ziele neu definieren!

ENGELS: Deformieren?

OVERATH: Isch deformier Disch jleisch. Ävver wo mer jerad bei Ziele sinn …

ENGELS: Jenau! Am besten, isch jonn ens ene Kranz „Zielwasser" besorje …

OVERATH: Dat meint isch zwar nit, ävver schade kann et nix. Jank Steff!

Engels verlässt singend seine Zuhörer …

ENGELS:

Am Aschermittwoch …   Im Jeissbockheim …
Da fiere mer wigger … unsere Supper-Verein
Wäje der Punkte us Münsche …da laache mir Kölsche …
(leiser werdend, Tür fällt ins Schloss)

GLOWACZ: Ähem, isch jläuv, mir woore bei „Ziele" stonn jeblivve!

OVERATH: Rischtisch! Also Jürjen, wie beurteilst du die Lare?

GLOWACZ: Eja! Also, … so schön wie unser Siesch in Münsche wor. Ävver die Feierei hätt misch locker 3 Kilo zonemme losse! Ming Ziel kann als nur sinn, die widder avvzenemme!

Bevor jemand antworten kann, klingelt das Telefon … Overath geht selbst ran …

OVERATH: Mann, immer mitten im Miitiing …. Ovverath???

KLINSMANN: Hallo … hier isch dä Jürge Klinsmann!

OVERATH: Klinsi! Schön, dat Du aanrööfs. Unn? Häste Dir allt en Äschekrüzz jehollt?

KLINSMANN: Ihr seit doch die, wo unsere Punkte g´stohle häbt. Außerdäm häbt Ihr ja mit dä Rafaddi, also däm Schiri, eine entscheidende Mann mehr uff däm Platz g´häbt. Da müsse bstimmt net wir uns des Aaschekroitz hole …

OVERATH: Schon jut, Klinsi. Wat willste dann?

KLINSMANN: Wir brauche Eire Hilf gäge die Hoffeheimer. Ihr schbield joo diese Saisoo au no gäge die. Da erwarde mir, des Ihr die au schlagd.

OVERATH: Da han mer prinipiell nix jäje, Klinsi. Mer luure, wat jeht … verspresche kann isch natürlich nix!

KLINSMANN: Des isch doch ganz oifach, hajo, so isch des! Ihr müßd hald jemande abschdelle, dr oin odr zwei Schbielr 10 Minuade feschdhäld und dro hinderd zur Dobbingkondrolle z gähe. Scho habd ihr d Punkde im Säggel …

OVERATH: Meinste nit ooch, dat dat jet opfällisch is, Klinsi?

KLINSMANN: Ihr Kölnr seid doch sonsch so kreadiv. Mann, … sagd doch oifach, dr Rangnigg hädde angeordned, des man no dem Schbil soford in oim Exdraraum oi baar Kölsch drinke muss. Damid d Schbielär au wirklich bei dr Dobbingkondrolle Wassr lasse könne. Dann schließd ihr den Raum hald ab und lassch d 10 Minuade drin. Danach sind d eh bedrunke …

OVERATH: … un künne sisch nit mieh erinnere, wie sie in dä Raum jekumme sinn …

KLINSMANN: Ich sähe, mir verschdähe uns. Des isch doch schön, hajo, so isch des!

OVERATH: Mir üvverläje uns dat ens, Klinsi. Eijentlisch is ja so wat nit unsere Sache, mir wolle ja fair jewinne ...

KLINSMANN: Abr bei Hoffeheim machd man da doch gerne mol oi Ausnahm vo dr Regl, nedd wahr, gell?

OVERATH: Mer luure ens, Klinsi. Eets ens dun mer dat he intern bespresche. Also, bis später. Jung!

KLINSMANN: Überlägd s eich gud, bis bald und schöne Tag no, hajo, so isch des!

(legt auf)

MEIER: Was wollte der Klinsmann denn, Wolfgang?

OVERATH: Wenn isch die komische Sprooch von dämm rischtisch verstande han, wulle die, dat mir im Spill jäje Hoffenheim die esu schwindelisch spille, dat se anschließend Trost beim Kölsch sööke un däsweje die Dopingkontroll verjesse ... wie in Mönchennjlattbach ...

GLOWACZ: Dat sollt ja jetz kein Problem sinn, jetz wo mer jäje die Bayern jewonne han, künne mer die ja eetz rääsch in Adiletten vom Platz scheeße ... ne Scheff?

MEIER: Ähem, ich bin schon etwas verwundert, dass nun auch der Klinsmann eine Alkohollösung sucht!

GLOWACZ: Wieso? Steht Kölsch op dä Dopinglist? Dann mööte die dat ävver vür däm Spill drinke, odder?

MEIER: Nein Jürgen, so war das nicht gemeint. Außerdem sollten wir uns nun wieder den wichtigen Themen zuwenden. Nämlich ...

Tür öffnet sich, der Kölsch-Kranz erscheint gemeinsam mit **ENGELS:**
ENGELS: Kööööööööölsch …..

ALLE: … Aaaaahhhhhhhhhhhh ….

OVERATH: ….. PROSSt zesamme …

ALLE: PROSSt Scheff …

136

OVERATH: So, dat wor lecker … wie immer! … Jetzt hört mal jut zu, Jungens! Wat dä Klinsmann säät, maache mer natürlisch nit. Wat mer ävver allt jäje Bielefeld probiere, is foljendes: Mer stelle denne zwei Pittermännscher Kölsch in de Jästekabien … dobei ene Zettel, wo droppsteht „Damit et bei dr Dopingkontroll besser flupp" …

MEIER: Wozu soll das gut sein?

OVERATH: Janz einfach. Entweder, die drinke dat vür däm Spill, dann loofe die im ZickZack üvver dä Platz. Määt et für uns Mannschaff einfacher … und wenn die dann, dat noh däm Spill eets drinke … ja wat künne mir dann dafür, dat se darüber de Dopinkkontroll verjesse …

MEIER: Ähem … und wenn sie es gar nicht trinken?

ENGELS: Is doch janz einfach Mischel, dann drinke mir dat hinherher … So oder so! Et kütt uns beim EffCee zujute!

MEIER: Aber wir haben doch jetzt Fastenzeit!

OVERATH: Deswejen jonn mer ja jetz op uns jeniale Idee ein kleines „Fasten-Bier" drinke …

ENGELS: Kasten Bier?

OVERATH: Fasten-Bier! Also „fast so viel wie söns". Datt dritte Jlass lasse mer diesmal fott …

ENGELS: … und drinke dann eets beim vierten Jlaas wigger …

OVERATH: Rischtisch! Also, ab an de Thek … un loss … singt die Hymne

ALLE: Miiiir stonn ze dir, FC Köööööllleeeee

An dieser Stelle bricht die Aufnahme ab. Interessant, was da für Pläne geschmiedet werden. Man wird abwarten müssen, ob Kölsch auch auf die Dopingliste gesetzt wird. Man wird sehen …

23

Hennes & Jünter – Eine tierische Story

Overath & Co konnten in den Tagen vor dem Derby gegen Mönchengladbach nicht abgehört werden. Die Herren sitzen im Keller und wienern die Adiletten für´s Spiel. Als Informant muss man neben Kölsch auch weitere exotische Sprachen verstehen können. Dazu gehören auch verschiedene Tiersprachen. Deswegen konnte ich diesmal ein Telefonat zwischen Hennes VIII und Borussia-Maskottchen „Jünter" verfolgen:

Hennes: So, da wollen mer mal dä Jünter aanroofe un jet zänke … Hennes wählt … Tüüüt …

Jünter: …Ja, hier is Jünter aus dem schönsten Ort am Niederrhein?

Hennes: … un hier is Hennes us dä Weltmetropole Kölle. Na, wie is et Jünter? Häste allt Auslauf jehatt oder musste noch warten?

Jünter: Hennes, altes Schlachtvieh! Worauf sollte ich warten, du oller Meckerfritze?

Hennes: Dat die Bürjersteije endlich widder runger jeklapp weede, wat söns du Sauerbratenanwärter …

Jünter: Jetz hör mal zu, du Ziejenpeter …

Hennes: Hennes … Hennes dä Achte, wenn ich bitten darf! Du darfs ävver och „JOTT" zu mir saren!

Jünter: Um Jottes Willen … sach lieber mal, warum Du anrufen tust?

Hennes: Isch wollt Disch fraren, ob Du Disch schon neu beschlaren hast lassen?

Jünter: Enä … ich bin schon so jut beschlagen! Ähhh … Wieso sollte ich neue Hufeisen brauchen?

Hennes: Weil Ihr noch janz vill Jlück bruche deit um in dä Lija zu bleiben … die Dinger sollen doch Jlöck bringen, oder?

Jünter: Sowas wie Glück brauchen wir ja nicht. Hat man ja beim 4:1 gegen Hamburg jesehen.

Hennes: Jaja … an dem Tach hatten die dümmsten Bauern de dickste Kartoffeln … oder anders usjedrückt: En blindes Pony findet och ens ene Doppelkorn …

Jünter: Das geht aber anders … ein blindes Huhn findet auch mal en Korn!

Hennes: Weiß isch, ävver die Eierlieferanten sin bei mir aktewell nit joot anjesin, seitdem IHR Plackfissele die jenötischt habt, bei Üsch op dä Ersatz-Karnevalssitzung ze singe …

Jünter: Haha, Stimmt. Die kölschen Höhner auf unserer Sitzung mit grün-weißen Schals, das war …

Hennes: Tierquälerei!!! Ävver jetz ens Schluss damit. Am Samsdaach kritt ihr die Reschnung präsenteet. Dä Novakovic hätt mir allt in et Ohr jeflüstert, dat er ene Doppelpack für üsch parat hätt. Dä hätt rischtisch Bock op dat Spill …

Jünter: Pass mal auf, Hennes! WIR haben den Marin und den …

Hennes: … werde ISCH janz persönlich ausschalten!

Jünter: Hahaha … Duuuuu????

Hennes: Hür op zu wiehern, Du Ackerjaul … Klar, dat klein Mädschen, dat Marina hätt keen Schangs jäje misch …

Jünter: Wie willst Du das denn anstellen?

Hennes: Janz einfach … isch weed die janze Seitenlinie vollkötteln … tja und die Marina fällt ja bei jedem Driss hin … damit könne mer dä allt verjesse! Isch nenne die Taktik: MARINIEREN! ….

Jünter: …. Nieren?

Hennes: Nit urninieren. Marinieren, … määt mer mit enem Suurbroode och. Dat mööts Du doch eijentlisch wissen … du „Germanys next Abdecker-Kandidat" …

Jünter: Nimmst Dein Maul ja ganz schön voll …

Hennes: Wo Du jerad „voll" sääs … häste schon jesoffen hück?

Jünter: So ein Unsinn. Ich trinke um die Uhrzeit nix!

Hennes: Ach, … deswejen häste kein Fahne … na ja, iss ja bei üsch normaal! …

Jünter: Hör doch auf mit der Fahne, das interessiert wirklich niemanden mehr. Zum Thema Alkohol, am Samstag, nach unserem Sieg in Köln, da werde ich ganz sicher ein paar Alt trinken …

Hennes: Apropos alt … wie jeht et dinger Frau?

Jünter: Was? Ähhh, ich bin … ähh, … solo!

Hennes: Tja, dat Leben is kein Ponyhof. Ävver mach Dir nix druss, Du wirst baal tierisch viele neue Stuten op kleine Bauernhöfe kenne liehre. Dann häss Du ene Stute in Osnabrück, Ahlen, Koblenz, …

Jünter: Toll, was soll ich denn da?

Hennes: Nu komm uss de Hufe, Jünter! Is doch janz einfach, Du bis dann eben der zweitklassige Deckhengst von Lija Zwo!

Jünter: Jetzt ist es aber mal gut, Hennes. Sag mir mal lieber, was denn Dein Liebesleben so macht …

Hennes: Sind alles Zicken … ävver isch kumm zerääsch. Ach Jünter? Weißte, wat ene Frau sacht, wenn man sie allt 10 x hingernander „bejlückt" hat?

Jünter: Ähhh, nein … was denn?

Hennes: Danke Hennes …

Jünter: Hat zu mir noch keine gesa…. Äääähhhh … JETZT reicht es aber, Hennes. Das Spiel am Samstag gewinnen wir Borussen! Wie so oft!

Hennes: Du … Jünter. Eijentlisch ham wir Euch doch janz jern … Ihr seit uns lieber als die Chemietruppe und ä komische Löw von denn is ene arrogante Pinsel ohne Tradizion. Un weil isch Üsch esu jern han, singe isch

140

Üsch e Leedsche … Du kenns doch „Es fährt ein Zuch nach Nirjendwo" von däm Christian Anders, odder?

Jünter: Das ist aber jetzt nett, Hennes … das Lied kenn ich natürlich, zwar schon was alt …

Hennes: DAT sing isch jetz NUR für Disch un Dinge Verein in dä 2009er Version … pass op:

Et fährt ein Pääd, nach Lija zwo, …
mein Jott, wat sind wir alle froh,
Sie ham gedacht, et jeht auch so, …
Mit Sascha Rösler un Alex Voigt …

KLONK … Tüt Tüt Tüt …

Hennes: Opjelaat … keine Humor, dat Pääd …

An dieser Stelle bricht die Aufnahme ab. Schön, dass auch Hennes VIII motiviert ist, bis in die Fellspitzen. Positiv gestimmt, mit leicht animalischer Aggressivität, … so geht man Derbys an.

Leider verloren die FC-Jungs das Spiel … aber darüber reden wir jetzt nicht!

Große-Wortmann Fotografie
bine.gw@web.de

24

Poldi trifft auch gegen die „Großen"

Nur kurz vor dem Spiel gegen Leverkusen haben wir folgende Telefonate von Wolfgang Overath mit Lukas Podolski, Christoph Daum und Stephan Engels im Geißbockheim belauschen können.

Der künftige FC-Spieler Podolski hatte in den Tagen zuvor, dem deutschen Kapitän der Nationalmannschaft, Michael Ballack, im Länderspiel gegen Wales eine Ohrfeige verpasst. Hier erklärt er seine Motivation dazu.

OVERATH: So, dann roofe mer ens dä Poldi aan ...

Man hört den Wähl- und Klingelton ...

PODOLSKI: Tach, hier iss dä Poldi, ne ...

OVERATH: Tach Poldi! Hier iss Dinge Ex un baal widder Prässident. Wie isset Jung?

PODOLSKI: Jut! Tor jejen Lieschtschtein, Treffer jejen Sachsen! Alles klar, ne ...

OVERATH: Wieso häste eijentlich dä Ballack jeohrfeischt ...?

PODOLSKI: Hab isch ja nit. Dä is mit ´m Jesischt im meine Hand je- laufen, ne ...

OVERATH: So?

PODOLSKI: Da konnt isch nit mehr ausweischen, ne ...

OVERATH: Ah so war dat. Die Zeidunge schrieve och, Du hätts jetz immerhin mal jejen nen Jroßen jetroffen ...

PODOLSKI: Stimmpt. Dä Ballack is wat jrößer als isch, ne ...

OVERATH: Mal unter uns, Poldi ... Du wolltest dä Ballack ja schon treffen. Wie kam dat dann dazu?

PODOLSKI: Anvisiert, jezielt, versucht, jetroffen … wenn et klapp, schön, wenn nit, beim nächste mal widder versuchen. Aber hat ja jeklappt … ne …

OVERATH: Nee, ich mein, warum häste däm eine jeflitsch?

PODOLSKI: Hat misch anjenervt, ne … von wejen Laufwege, ne … war blöd … deswejen, … Zack, Bumm, Ruhe iss, … ne.

OVERATH: Ävver Du kannst doch dingen Kapitän nit schlaren.

PODOLSKI: Wieso? Hat doch jeklappt.

OVERATH: Wat war denn mit Laufwegen?

PODOLSKI: Sacht mir, isch soll Laufwege machen. Gibt aber keinen Ball zu mir. Dacht isch, Du kannst misch … ne …

OVERATH: OK, Poldi. Is jut. Kommen mer zum eijentlischen Thema. Häste den Helmes jetz in den zehn Taren Natinalmannschaft jenuch bearbeitet, dat dä jejen uns nit trifft?

PODOLSKI: Ja, klar …

OVERATH: Kann isch et en bisschen jenauer haben, Poldi?

PODOLSKI: Ja klar, hab isch, ne …

OVERATH: Jeht dat auch mal in enem janzen Satz, leeven Poldi?

PODOLSKI: Hab ihm gesacht, Leverkusen iss scheiße …

OVERATH: Un, watt hätt er jesacht?

PODOLSKI: Wußte der schon …

OVERATH: Schön, watt häste dann jemacht?

PODOLSKI: Nächsten Tach widder gesacht, damit er dat nit verjisst, ne …

OVERATH: Jenial …

PODOLSKI: Ne …?

OVERATH: Ja, dann kann ja nix mehr schief jehen. Jut Poldi, isch muss Schluss maache. Bliev locker un maach et joot … Tschüss.

PODOLSKI: Tschöö, ne?

Aufgelegt

OVERATH: So, dat wär jerejelt, dann roofe mer ens dä Krisstoff aan … (Wahlgeräusch, Klingelton …)

DAUM: Christoph Daum, Welttrainer aus Leidenschaft?

OVERATH: Krisstoff, he is Dinge Präses. Isch wollt Dir nur saren, dä Lukas hätt sing Aufjab erfüllt. Hät dä Helmes zehn Tare lang mit Psyscho-Terror fädisch jemaat.

DAUM: Perfekt! Dann sollte MEINEM Sieg ja nichst mehr im Wege stehen. Auch ICH habe natürlich aaabsolute Psycho-Tricks ausgepackt und die Mannschaft mit einem ganz speziellen Lied motiviert.

OVERATH: En Leed? Watt, en Kampfleed?

DAUM: Fast, wir sollten mal reinhören …. Horch mal: Man hört folgenden Song „Jede Zelle meines Körpers ist glüüüücklich, jede Körperzelle fühlt sich wohl ….“

OVERATH: WAS IST DAAAAS?

DAUM: Tiefenpsychologie, lieber Wolfgang! Die Mannschaft singt das schon den ganzen Tag … und tanzt auch dazu. Damit machen wir Bayer platt.

OVERATH: OK! Dat reich mir, Krisstoff. Maach et jot, bis bald. Tschööö (legt auf) … Ojott … watt ene Driss. Da wor mir dä Psycho-Trick vom Poldi ävver leever. Ach … ens dä Steff aanroofe, mit däm könnt isch ja en Kölsch süffele jon (Wahlgeräusch, Klingelton …)

ENGELS: (geht ran, im Hintergrund läuft „Musik"): Tach … isch kann jrad nit, bin am singe un danze für dä Siesch jäje Bayer … Jede Zelle in meinem Körper iss jlücklisch …

OVERATH: Neeeeeein ….

144

An dieser Stelle bricht die Aufnahme ab. Wieder einmal ganz großer Sport im Geißbockheim. Leider gewann Leverkusen trotzdem in Köln, an der Vorbereitung lag das aber sicher nicht!

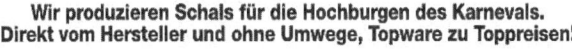

25

Das Daum-Beben

Der Klassenerhalt wurde frühzeitig geschafft. Der 1.FC Köln spielt auch in der Saison 2009/2010 erstklassig.

Trainer sollte Christoph Daum bleiben. Dieser jedoch hatte bereits bekundet, trotz Ausstiegsklausel, beim 1.FC Köln bleiben zu wollen, um Großes aufzubauen. Es kam anders!

Wie es zum Daum-Beben kam, schildert diese Dokumentation:

Wolfgang Overath, Präsident des 1.FC Köln sowie seine Mitstreiter Stephan Engels … neuerdings Jugendkoordinator, sowie Vizepräsident Jürgen Glowacz spielen Skat im Geißbockheim. Plötzlich erscheint Manager Michael Meier im Türrahmen …

MEIER: Ähem, hallo zusammen. Haben wir jetzt nicht Meeting?

OVERATH: Jlisch, Mischel, isch han jerad so en jutes Blatt … äh … wer is draan mit reizen?

ENGELS: Ähhhhm, isch jläuv, dat isch dat bin …

GLOWACZ: Stimmp. Du reizt misch ja och schon seit ville Johr …

ENGELS: Schön, dat isch Dich reize. Ävver wat kann isch für ming ironische Ausstrahlung …

MEIER: Du meinst sicher, … erotisch, … Steff!

ENGELS: Isch fang ens aan … 18

In diesem Moment klingelt Overaths Handy …

OVERATH: Ah, dat is sischer dä Krisstoff, dä misch us Majoorca aanroofe deit … Ovverath?

DAUM: Hallo Wolfgang, ICH bin es. Der Christoph!

OVERATH: Tach Krisstoff. Wie isset?

DAUM: Wolfgang … ICH bin weg!

OVERATH: Isch och, Krisstoff, isch och … dabei dacht isch, ming Blatt wör rischtisch joot.

DAUM: Nochmal, Wolfgang. ICH BIN WEG!

OVERATH: Isch weiß dat doch, leeven Krisstoff. En paar Tare Urlaub dun Dir sischer joot un …

DAUM: Wolfgang, ICH habe einen aaabsolut unglaublichen Vertrag bei einem RIESENVEREIN für vier Jahre unterschrieben. ICH wollte mir kurz noch Euren Dank für MEINE Wunderleistungen abholen, Euch kurz informieren und einen Gruß loswerden. Das war es dann auch, gehabt euch wohl …

OVERATH: Kriiiiissstooooffff, bliev draaan. Biste bekloppt? Du kanns doch jetz nit jonn …

DAUM: Doch ich gehe … und ich tue das, weil ich ein aaabsolut reines Gewissen habe. Meine Mission ist erfüllt!

OVERATH: Kriiiistoff, Du …

DAUM: Danke für Dein Verständnis Wolfgang. Du hast Dich stets bemüht, MEINE Wünsche zu erfüllen. Es hat leider nicht gereicht, aber der Versuch war ehrbar. Tschüss, mach´s gut! (KLONK, aufgelegt)

MEIER: (erschrocken) Was sagte er?

OVERATH: (bleich) ICH … BIN … WEG!

ENGELS: Bei 18 schon? Jut, Jürjen … wie süht et bei Dir us?

OVERATH: Du Nachtschattenjewächs … unsere Trääner is fott. Dä Krisstoff hät singe Klausel jenutzt …

ENGELS: Wer is dann dä Klausel? Wo hätt dä jespillt?

OVERATH: Doof Nuss, dä hät jekündischt! Weißte eijentlisch nit, wat dat bedeutet?

GLOWACZ: Doch, dat mir dat Spill nit zu Engk spille künne …

MEIER: Das ist ja eine Katastrophe, eine absolute Katastrophe!

ENGELS: So schlimm iss et och nit, mer künne jo späder wigger spille.

MEIER: Sag mal Steff. Bist Du so blöd oder tust Du nur so?

GLOWACZ: En unjeklärtes Mysterium, Mischel, wozu isch ene eijene Meinung han, …

OVERATH: … die keiner hüre will. Jungens, jetz han mer ein Problem. Jetz sin mir als Präsidium jefordert. Wer hät en Idee, wie mir dat der Öffentlichkeit verzälle dun?

GLOWACZ: Ähhhh … Su us däm Stand erus will mir pachtuu nix enfalle …

MEIER: Nun ja, ähh, wie wäre es mit der Wahrheit?

OVERATH: Warum eijentschlisch nit? Mer han nix zu verberje, dä Krisstoff hät ja trotz singer Treueschwüre jekündischt. Da wääde die Fans schwer sauer op dä sin …

GLOWACZ: Jenau! Soll dä doch noh Istanbul jon, spare mer Jehalt un sin widder flüssisch.

OVERATH: Wo Du jerad „flüssisch" sääs … Steff, maach Disch ens op dä Jakobswesch!

MEIER: Ähem … Jakobsweg???

OVERATH: Klar! Jakob heiß op Kölsch „Köbes" … und dä Köbes jeht dä Kranz Kölsch holle … der Weesch dahin heiß …

ENGELS: Jakobsweesch! Stimmp, Scheff. So han isch dat noch nie jesinn … isch bin dann mal weg … (Engels verlässt – zur Melodie vom „Die Wienands han ene Has im Pott" - singend den Saal)
Dä Christoph Daum is endlich fott, miau miau miau
Dä Nova laach sich baal kapott … miau miau miau
E Denkmal wor dä jestern noch, miau miau miau
Hück is er nur noch vom Hingersch dat Loch, miau miau miau (langsam leiser werdend)

MEIER: Sehr subtiles Lied vom Steff, der ist wohl immer noch sauer, das der Christoph ihn nicht mehr als Chefscout und auch nicht als Jugendkoordinator haben wollte.

GLOWACZ: Dabei passt dä Steff doch wie Hingersch op Emmer in die Jurendabteilung, die jung Fente müsse doch liere, wie mer manierlich en Kölsch zappe deit …

OVERATH: Ja, schon dat wollt dä Krisstoff nit. Ävver däm wor ja nix joot jenoch … wenn nemme mer dann als neue Trääner? Wie wör et mim Heynckes?

MEIER: Ähem … der war zwar im München jetzt für fünf Spiele ganz erfolgreich, aber da sind aktuell auch Leute wie Skibbe, Slomka oder Götz ein Thema, lieber Wolfgang.

OVERATH: Um Joddes Wille. Willste ene jestandene Trääner oder Azubis us Dinger Krabbeljruppe? Ävver paß op, Mischel. Du määs dat jetz, Du sööks uns ene neue Trääner. Ävver kumm mer bloss nit mit enem Schweizer …

GLOWACZ: Mir könnte jo och noch über en interne Lösung nohdenke …

In diesem Moment kommt Engels – kranzbeladen - durch die Tür und …

ENGELS: Kölsch zesamme! Vom Jakobsweesch zurück op däm Erfolgsweesch! ISCH künnt ja och dä Trääner maache!!!

MEIER: Ähhhh … ich bin überzeugt, ähhh, dass Deine „Kernkompetenzen" in der heutigen Zeit eher auf dem äääh … „Jakobsweg" und in der Jugendkoordination liegen!

GLOWACZ: Die Koordinaten vom Jakobsweesch kennt er ja allt …

OVERATH: Steff! Du blievs Jurendkoordinator! Dat is Dinge neue Dschobb! So, … un jetzt eets ens foljendes: Dä Krisstoff is fott! Dat is jetz esu … un jetz sööke mer uns halt ene andere Trääner, mit däm mir noh Mailand fahre! Op dä FC, … PROSS ZESAMME!!!

Alle: PROSS, SCHEFF!! (Alle trinken …)

OVERATH: Sooo, dat wor lecker! Un jetz han isch en Idee (Overath, greift zum Hörer, wählt eine Nummer, dann hört man ihn reden) … Tach, bin

isch da bei Lattek? … Ah … schön … Udo, hür ens zo, mir bruche ene neue
Trääner un isch dacht, Du ……………….. ah, ……eja ….. verstehe …. Ne,
is klar, isch han Verständnis dat Du sonntachs nie kanns und söns in Dinger
Stammkeip jebraucht wirst …. Vielleisch klapp et späder ens …

An dieser Stelle bricht die Aufnahme ab. Wieder einmal zeigt sich, dass die
Führungsriege des 1.FC Köln mit Krisensituationen spielend fertig wird. Man
muss sich als FC-Fan keine Sorgen machen. Mailand, wir kommen!

26

Overath, ein Holländer und die Weltpolitik

Die neue Saison 2009/2010 hat begonnen. Für den 1.FC Köln hat sie durchwachsen angefangen. Nach dem Pokalsieg in Emden (0:3), folgten zwei Niederlagen (1:0 in Dortmund und die 1:3-Heimpleite gegen den VfL Wolfsburg). Weiteren Ärger produzierte Star-Stürmer Novakovic, der mehr Geld haben wollte und mit Abschied drohte. Auch war der Kader noch nicht komplett, man brauchte weitere, gestandene Spieler. Präsident Overath ließ daraufhin ein Meeting mit seinen Mitstreitern Glowacz, Meier und Engels ansetzen, welches wieder belauscht werden konnte. Hier das Protokoll:

OVERATH: Miiitiiing!!!

ENGELS: Die Nachwuchsabteilung meldet sisch zur Stell, Scheff!

GLOWACZ: Dä Steff, … da muss isch misch noch dran jewöhnen, dat dä für dä Nachwuchs verantwortlich iss …

MEIER: Bin da Wolfgang, was ist der Grund des Meeting?

OVERATH: Ja, wat wohl? Mer han allt widder verloore, dä Nova määt Stress, un mir bruche noch neue Spieler. Da darf mer ja ens drüvver spresche, odder?

MEIER: In der Tat ist die Situation aktuell ein wenig prekär …

OVERATH: Ja, dann dunn doch ens wat dajejen. Besorsch uns dä Holländer, … dä „**van der Put**" unn sieh zu, dat dä Nova die Schnüss haale deit. Muss isch denn widder alles selvs maache?

ENGELS: Van der Put? Die sin doch am Südfriedhof, mit die beste Eisdiele in janz Kölle. Wird dat unsere neue Schponsor?

MEIER: Wofang meinte doch „**van der Vaart**", lieber Stephan!

ENGELS: Die Iesbud´kenn isch nit.

GLOWACZ: Doof Nuss, dä meint doch dä Rafael van der Vaart. Dä holländische Spieler da, … also dä Mann von dä Sylvie.

OVERATH: Klar mein isch dä. Han isch doch och jesacht. Wat is denn da dat Problem, Mischel? Wieso hätt dä immer noch nit dä Jeissbock op dä Brust?

MEIER: Nun ja, es ist nicht einfach einen Weltklassespieler mit unserem finanziellen Spielraum zum FC zu locken.

OVERATH: Schwaad disch nit mööd, Mischel. Eetstens sin mer dä FC Kölle, da kütt mer op alle Viere aan un iss froh, dat mer he mitspille darf …

MEIER: *(flüstert)* Früher vielleicht.

OVERATH: … zweitens is dat ene Holländer! Un denne han ISCH persönlich 74 schon jezeischt, wo dä Frosch die Locken hätt …

MEIER: *(ironisch)* Danke, Wolfgang. Diese Argumente werden mich beim Poker mit seinen Managern und Beratern sicher voranbringen.

OVERATH: Is jut, Mischel. Isch helfe jern, mer muss misch nur fraren. Un jetz mach dat Ding mit däm **van Gool** klar …

Telefon klingelt … Overath geht ran.

OVERATH: Ovverath?

CALMUND: Tach, du Schmalhans, he is dä Reiner Calmund, Dinge ahle Fründt us Frechen …

OVERATH: Tach Calli, dat mit em ALT stimmp,… wat kann isch jejen Disch tun?

CALMUND: Wolfgank! Jetz pass ens opp. Du weiß doch, dat isch jute Kontakte nach Brasilijen han. Da iss mir neulich wat in et Ohr jeflüstert worden. Dä Ronaldo, Du weiß ja, dä die meisten Tore bei Weltmeisterschaften jeschossen hat. Dä is ernsthaft dran interessiert, in die Bundeslija ze wechseln. Isch han op minger Fernreisen selvs mit ihm jesprochen. Dä will noch ens für die WM 2010 fitt wääde … unn da han isch däm verzällt, beim FC Kölle könnte man ihn jebrauchen … Na, wat sääste jetz?

OVERATH: Ich weiß et nit, Calli. Der erinnert misch so an Disch. Op mir dat bruche dunn?

CALMUND: Wieso, leeven Wolfjank, erinnert Disch dä Ronaldo an misch?

OVERATH: Dä iss düür, alt, dick un langsam, Calli … unn hätt sing beste Zick hinger sisch.

CALMUND: Wolfjank! Dat is ävver nit nett, isch will üsch doch nur helfe. Isch han Kontakte, da dräume andere von. Zu Weltstars, zu Managern … zu 5-Sterne-Köchen …

OVERATH: *(lachend)* Nu bis mir nit falsch, Calli. Dat wor doch bloss Spass. Natürlisch könne mer uns darüvver ens ungerhaale. Mir han eh jrad Miiting un schwaade üvver neue Spieler. Ich sach däm Mischel Bescheid und dä deit sisch dann bei Dir melde. Juut?

CALMUND: Dann isset ja juut, Wolfjank. Mer schwaade dann später wigger. Muss eh Schluss maache, die Lastwarenladung Jrillhähnsche fährt jrad vor, da muss isch misch drum kümmere. Maach et Joot, Jung. *(legt auf)*

MEIER: Habe ich das richtig verstanden? Reiner wollte uns den Ronaldo vermitteln?

ENGELS: Welchen? Den Christiano oder der ohne den Christiano?

OVERATH: Ob mit oder ohne Christiano, is doch drissejaal, mir han dä POLDI un bruche keene Kandidaten für uns Tradzionsmannschaff!

In diesem Moment klopft es energisch an der Tür. Direkt im Anschluss erscheint FC-Star Lukas Podolski im Türrahmen.

PODOLSKI: Tach zesammen, … ne?

OVERATH: Tach Poldi, Jung … wie isset? Wat künne mir für Disch dunn?

PODOLSKI: Will ja mein Auto loswerden, ne. Den dicken, schwarzen Audi, ne. Wollte fragen, ob den hier einer brauchen kann, ne?

GLOWACZ: Is´n schönes Auto, Poldi. Ävver mir sin he all versorscht.

OVERATH: Da kütt mir en Idee. Pass ens all op. Mir kaufe dat Auto däm Lukas avv … Jung, Du määs ja für Dinge Verein ene Supperpreis … un dann kritt dä Nova dat Jeschoss als einmalijes Jeschenk für die 16 Tore von der letzte Session. Dann is dä beruhischt.

MEIER: Aber Novakovic hat sich sicher etwas mehr vorgestellt.

OVERATH: Mer lassen uns ja och nit lumpen un dunn noch ene Fresskorb un 3 Fläsche Wing vom REWE mit dabei. Un ene Einkaufsjutschein üvver 100 Euro.

MEIER: *(ironisch)* Ja … daaaann ist natürlich alles geregelt.

ENGELS: Toll Scheff! Wat däte mir ohne Disch?

OVERATH: Schon jut, isch helf doch jern. Mischel. Jetz hann isch Dir Tipps gejeben, wie mir dä Holländer kriejen, wie mer das Problem mit däm Nova lösen un dat Auto vom Lukas is jetz och fott. Den Ress musste jetz selvs maache …

GLOWACZ: Da künnte mer ja eijentlisch en klein Paus maache, odder? Dat wor schließlisch anstrengend.

OVERATH: Rischtisch! Steff? … Janke ens ene Kranz Kölsch holle, nur dä Poldi kritt natürlich ene Apfelsaft …

ENGELS: Jern Scheff … isch fleje …

Engels verlässt - singend zur Melodie des Höhner Klassikers „Blootwoosch, Kölsch un en e lecker Mädsche“ - den Raum, …

Poldi, Jeissbock un ne Kranz lecker Biersche
Dat bruch ene FC-Fan um jlöcklich ze sin …
Poldi, Jeissbock un ne Kranz lecker Biersche …
Dat bring nur dä Steff in et Jeissbockheim rinn … *(langsam leiser werdend)*

GLOWACZ: Toll gesungen, nicht wahr Poldi? Besser wie die bayrische Blasmusik?

PODOLSKI: Ja, ne? Aber schlimmer waren am Oktoberfest die Lederhosen, ne?

MEIER: Ähemm, Wolfgang. Ich möchte noch einmal auf die Van-der-Vaart-Geschichte zurückkommen. Sollte das – wider Deines Erwartens – nicht funktionieren, dann …

OVERATH: Watt DANN? Isch han immerhin noch dä Ronaldo in petto. Du kriss ja noch nit ens dä Florian Kringe op de Reih.

MEIER: Aaaaber …

OVERATH: Is jut jetzt. Wo dä Poldi jerad he is … Jung, wie iss die Stimmung in dä Mannschaff? Jerad no däm Wolfsbursch-Spill?

PODOLSKI: Jut!

OVERATH: Na, dat hört mer doch jern. Kann ja jejen Frankfurt nix schief jehen …

MEIER: Ähh, Lukas. Könnte ich das mit der Stimmung in der Mannschaft ein klitzekleines bisschen konkreter und detaillierter haben?

PODOLSKI: Sehr jut, ne?

OVERATH: Da häste et, Mischel. Kein Jrund, sich Sorjen ze maache. Die Truppe is joot dropp un steht voll im Saft!

In diesem Moment erobert der kranz-beschwerte Engels die Szenerie …

ENGELS: *(laut)* Saft für dä Poldi, Jerstensaft für alle anderen …

Alle: Aaaahhhhhhhhhhhhh …

OVERATH: Du wills doch damit nit saren, Steff … dat mir ene Saftladen sin, … na dann   PROSSt ZESSAMME

ALLE: PROSSt SCHEFF!!!

Gläserklirren, Schluckgeräusche, lautes Glas Abstellen …

OVERATH: *Ahhh, tat widder joot. Herrlisch!!! TELEFON KLINGELT … ach, wer is dat dann schon widder? … Ovveraath?*

MERKEL: Ähm … Angela Merkel … wer ist denn da bitte? Ich hatte meinen neuen Assistenten gebeten, den größten Präsidenten der Welt, der mit O beginnt, für mich anzurufen und zu verbinden …

OVERATH: Ja, da sin Sie hier doch rischtisch, Frau Merkel! Isch wor üvvrijens ene jroße Bewunderer ihres Vatters, … dem Max Merkel …

MERKEL: Da scheint ein Missverständnis vorzuliegen. Ich bin die Bundeskanzlerin und mache hier nicht den Max, ich wollte Herrn Barack Obama sprechen.

OVERATH: Ballack Obama? Der spillt nit bei uns Frau Merkel, … ävver wo Sie jrad anrufen. Sie könnten uns sischer ungerstütze. Sie haben doch jute diplomatische Verwicklungen nach Holland. Da jibbt et ene Spieler namens **„van der Sar"**, der …..

MIST! *An der Stelle war das Band beendet. Gerade wo es spannend wurde. Wie wird es wohl weitergehen?*

    ⌐ *Wird eine Eisdiele neuer FC-Großsponsor?*
    ⌐ *Wird Hermann van Veen für den FC stürmen?*
    ⌐ *Wird Novakovic mit Podolskis Auto, Fresskorb und*
      Einkaufsgutschein zufrieden   sein?
    ⌐ *Wird der große Ronaldo die FC-Traditionsmannschaft verstärken!*
    ⌐ *Wird Wolfgang Overath einem G3-Gipfeltreffen mit Angela Merkel*
      und Barack   Obama zustimmen?
    ⌐ *Wird Reiner Calmund von den paar Grillhähnchen satt?*

Und vor allem: Wird der 1.FC Köln am 3. Spieltag der Saison 2009/2010 Eintracht Frankfurt schlagen?

Wir werden es ja irgendwann erfahren. Auch ohne abgehörte Protokolle!

Ende

Ein Film, wie er im Buche steht!

„FC – Der Film" ist ein 90minütiger, aufwändig produzierter Dokumentarfilm über die Geschichte des 1. FC Köln. Der Film entstand nach monatelangen Recherchen in diversen Filmarchiven und nach teilweise stundenlangen Interviews mit Zeitzeugen. Der Film enthält zudem zahlreiche, bisher nicht veröffentlichte Aufnahmen. Laufzeit: 90 Minuten.

Begegnen Sie noch einmal dem legendären FC-Gründer Franz Kremer, freuen Sie sich mit Hans Schäfer über die erste Meisterschaft, bestaunen Sie Wolfgang Overaths Traumpässe, erleben Sie Hennes Weisweiler leibhaftig, feiern Sie mit Heinz Flohe das grandiose Double, sehen Sie „Toni" Schumachers Wahnsinnsparaden, schmunzeln Sie über Pierre Littbarskis Tricks und jubeln Sie noch einmal über Toni Polsters Tore. Begeben Sie sich auf eine unglaubliche Zeitreise!

Direktbezug: 14,99 €

☏ Rufen Sie uns an **0221 – 73 916 73,**
faxen Sie **0221- 72 31 52**
oder mailen Sie an
inf@edition-steffan.de.

www.edition-steffan.de

Edition Steffan

Verlag

Hansaring 145-147
D-50670 Köln
Tel.: 02 21 / 73 916 73
Fax: 02 21 / 72 31 52

e-mail: info@edition-steffan.de
www.edition-steffan.de